W0404981

Tres peces rojos

RAQUEL PULIDO

Tres peces rojos

Ilustraciones de Leire Salaberria

edebé

Obra finalista del Premio Edebé de Literatura Infantil (XXIX edición).

Paseo de San Juan Bosco, 62
08017 Barcelona
www.edebe.com

Atención al cliente:902 44 44 41
contacta@edebe.net

Directora de Publicaciones: Reina Duarte
Editora de Literatura Infantil: Elena Valencia
Coordinación de Producción: Elisenda Vergés-Bo
Diseño de la colección: Book & Look

Primera edición, septiembre 2022

ISBN: 978-84-683-5499-6
Depósito legal: B. 2212-2022
Impreso en España
Printed in Spain
EGS - Rosario, 2 - Barcelona

Para Dante, mi tercer pececito,
que ha llenado nuestras vidas de alegría.

Índice

1
Manchas en la pared

Ver cómo aquellos dos repartidores sudorosos descargaban de la furgoneta la cama articulada y la grúa eléctrica y las metían en el garaje del nuevo dúplex haciendo malabarismos me revolvió por dentro como un ciclón.

Me fui al jardín con la pelota que le había comprado al perro en la tienda de animales y comencé a lanzarla repetidamente contra el muro, con rabia. Mi madre se acercó y se sentó a mi lado.

—Martín, sé que estás enfadado. Esta situación no es fácil para ninguno de nosotros.

Observé la pared. De tanto golpearla, me pareció ver una leve sombra sobre la pintura blanca.

—Quiero darte las gracias, hijo. Sé que te lo habíamos prometido. ¡Me duele tanto que las cosas hayan sucedido así!

Mi madre no notó los cercos en la tapia del jardín, o quizás hizo como que no los había visto. Resultaba extraño, porque desde que nos habíamos mudado al nuevo dúplex se pasaba el día regañándonos por todo. Que si habéis entrado con los zapatos llenos de barro y la tarima flotante se estropea. Que si para encender la luz no hace falta estampar la mano en la pa-

red, que en la pintura lisa color garbanzo se quedan todas las huellas. En fin, que estaba muy pesadita.

—Te quiero, hijo. Estoy orgullosa de ti.

Y diciendo esto, se levantó y se fue.

Yo paré de botar la pelota, miré las manchas recién aparecidas en la pared del jardín y me eché a llorar.

2
La hucha

Mi familia y yo vivíamos en un piso de protección oficial. Eso no quiere decir que hubiera policías ni guardaespaldas que nos protegiesen como si fuéramos la familia del presidente del gobierno. En realidad, no sé bien lo que significa. Solo sé que era un piso muy pequeño.

Mi hermano Daniel y yo compartíamos habitación. Era horrible. En primer lugar, porque le olían los pies a queso podrido. En segundo lugar, porque escuchaba música *heavy* todo el rato. En tercer lugar,

porque yo tenía que hacer los deberes en el salón y allí estaba casi siempre mi madre haciéndole la manicura a alguna vecina. Y, si por casualidad estaba mi padre en casa, también él estaba en el salón viendo el fútbol en la tele.

Mi padre, antes de lo de la pierna, estaba muy pocas veces en casa porque era conductor internacional. Cada vez que volvía de un viaje con el camión me traía una postal. Las tenía todas colgadas en mi pared de la habitación. Daniel, en su pared, tenía unos pósteres horrorosos de calaveras y tíos vestidos de negro con cara de matones de barrio. Ahora, las postales las tengo guardadas en una caja de zapatos. Mi madre ha prohibido terminantemente el uso de papel celo en el nuevo

dúplex, aunque Daniel ha vuelto a colgar sus pósteres con una especie de plastilina azul que se parece a los mocos. Cuando mi madre lo vio, casi le da un infarto.

Desde que tengo uso de razón, recuerdo la hucha de la cocina. En ella mi madre iba metiendo monedas y billetes cada vez que podía. Que venía una vecina a hacerse las uñas: dinerito para la hucha. Que encontraba cinco euros en un bolsillo de un pantalón de mi padre antes de meterlo en la lavadora: dinerito para la hucha.

La ilusión de mis padres siempre había sido tener una casa con tres habitaciones, garaje y jardín. Así que ni Daniel ni yo podíamos pedir muchos caprichos, porque la respuesta era siempre la misma: «¡Con lo caro que es eso!». (En «eso» lo mismo

entraban unas deportivas, que una consola o un campamento de verano). «¡Así nunca vamos a tener nuestra casa!».

Para colmo, si nos poníamos muy pesados pidiendo algo, mi madre contestaba: «¿Es que queréis estar compartiendo habitación durante toda la eternidad?». Y claro, dicho así, sonaba a verdadera tortura.

Yo estaba acostumbrado a que siempre me dieran un no por respuesta, a llevar rodilleras en el chándal para tapar los agujeros y a vestir con jerséis heredados de mi hermano. Pero un día que mi padre acababa de venir de Holanda con un tráiler lleno de pepinos y me había felicitado por las notazas que había sacado aquel trimestre, aproveché para pedirles una cosa que no les iba a costar ni un solo euro.

—La perra de Agustín ha tenido cachorros.

—¡Anda! —exclamó mi padre—. Es un caniche, ¿no?

—Una perra de aguas.

—Esos son inteligentísimos —dijo mi madre repartiendo el gazpacho que había hecho con algunos de los pepinos.

—Son de pura raza. Los van a vender. Pero sus padres me han dicho que me regalan uno.

El silencio se hizo en la sala.

—En mi cuarto no entra —amenazó mi hermano.

—Te recuerdo que también es mi habitación.

—¡Que no entra, enano!

—Daniel, cállate —ordenó mi padre.

—Martín, ¿cómo vamos a tener un perro en este piso tan pequeño? —empezó a decir mi madre—. Si ni siquiera tenemos un balcón...

—No hace falta. El perro no se va a asomar, no es un gato.

—Yo quería una serpiente hace dos años y no me dejasteis —protestó el pesado de mi hermano.

—Yo me encargaría de sacarlo a la calle. Agustín pasea todos los días a su perra y siempre lo acompaño, ya lo sabéis.

Mis padres seguían con cara de circunstancias.

—Pero un perro necesita vacunas, pienso... Es un dineral —añadió mi madre.

—Tengo ahorrado un poco de la paga y del dinero que a veces me da la tía Conchi.

—No puede ser, Martín —zanjó mi padre—. Ahora la prioridad absoluta es la casa.

—¡La casa, la casa, la casa! —Pegué un brinco y mi gazpacho salpicó todo el mantel de cuadros—. ¡No os importa otra cosa!

—Martín, siéntate a cenar —ordenó mi padre.

—¡No quiero! ¡A la porra el gazpacho y a la porra la casa!

Y, diciendo esto, me marché a la habitación y me metí debajo de la cama para poder llorar sin ser visto. Casi me ahogo con el tufo a pies podridos que desprendían los zapatos de mi hermano Daniel.

3
El nuevo dúplex

Al día siguiente, sin saber cómo, amanecí en mi cama. Mi padre abrió la puerta de la habitación y un olorcillo a churros con chocolate invadió la estancia.

—Arriba, dormilón, que Daniel se va a zampar todos los churros si no vienes.

Creí que me iba a caer la del pulpo por el portazo que había dado la noche anterior, pero no. Mis padres estaban muy sonrientes y cariñosos.

—Martín, me he de ir a cargar el camión de tomates para Alemania, pero antes

quería darte una noticia. Tu madre y yo hemos estado hablando y, cuando tengamos la casa nueva, te dejaremos tener un perro.

—¿Y mi serpiente? —interrumpió Daniel.

—Solo con una condición —se apresuró a decir mi madre—. El perro estará siempre en el jardín y de noche dormirá en el garaje. No quiero pelos en casa ni patitas que arañen la tarima flotante.

—¡Bah! —exclamó mi hermano—. Eso será cuando las ranas críen pelo.

Entonces, mi padre desenrolló un pliego enorme de papel.

—¿No sabéis lo que es? —preguntó, emocionado—. ¡Son los planos de nuestro dúplex!

—¡No fastidies! —exclamó Daniel, sorprendido.

—Mamá y yo no os habíamos dicho nada para daros una sorpresa, pero ya hemos firmado el contrato de compraventa. En siete meses estará terminado.

—¿Veis cómo la hucha finalmente ha servido? —añadió mi madre.

Empecé a dar saltos de alegría.

—No es justo —refunfuñó mi hermano—. Yo llevo pidiendo la serpiente desde mucho antes. Y la que quiero es pequeña. No una boa, ni nada por el estilo.

—Siete meses pasan rápido. Podríamos tener al perro aquí durante ese tiempo y luego en el jardín —supliqué.

—No, Martín —contestó rotundamente mi madre—. Tú no sabes lo que supone

educar a un cachorro que se va haciendo pis por todos lados. Cuando tengamos jardín, todo será más fácil.

—Además, tenemos que apretarnos el cinturón. Mamá y yo hemos entregado una buena cantidad de dinero para la compra del dúplex y ahora nos toca ahorrar para comprar muebles nuevos.

—¿Este año tampoco vamos a ir a la playa? —bufó Daniel.

Mi madre, harta de tanta protesta, vino con la bayeta y comenzó a limpiar el hule de la mesa aunque no habíamos terminado de desayunar.

—¡Hala, id a vestiros ya! —ordenó—. Ya que hoy está papá, vamos a ir a visitar a Lita Pasita.

4
Lita Pasita

En realidad, mi abuela se llamaba Paquita, pero yo de pequeño la llamaba Lita, de abue-LITA, y Pasita, porque no era capaz de pronunciar el sonido «k». Y desde entonces, casi toda mi familia, cariñosamente, la llamábamos así.

Según dicen mis padres, todo el mundo se partía de risa con mi forma de hablar. Excepto mi hermano, que estaba bastante celoso por no ser el centro de atención, aunque él se pone hecho una furia cuando le dicen que tenía pelusa. Pero sí que la te-

nía porque, después de siete años siendo el rey de la casa, llegué yo a destronarlo. Ja. Que se chinche.

Lita Pasita tenía alzhéimer. El alzhéimer es una enfermedad que hace que te vayas olvidando de todo. Desde lo que merendaste ayer por la tarde hasta de quiénes son tus hijos. Es muy triste.

Hasta que mi abuela enfermó, yo nunca había visto a mi padre llorar. Jamás. Incluso le reñía a mi madre si ponía cara de susto cuando yo, de pequeño, me caía. «¡No pasa nada, Martín! ¡Arriba!», decía siempre. Y, si veía que me iba a echar a llorar, añadía: «Hasta que no te veas las tripas fuera, no llores».

Hasta que a la abuela le diagnosticaron esa enfermedad, para mi padre todo

tenía solución. Pero, desgraciadamente, el alzhéimer es una enfermedad que aún no tiene cura.

5
¿Qué son las neuronas?

Mi padre solo tiene una hermana: la tía Conchi. Lita Pasita vivía con la tía Conchi desde que murió mi abuelo, al que yo no llegué a conocer. Como a los mayores no les gusta darnos explicaciones a los niños, únicamente me decían: «El abuelito Manolo está en el cielo». Así que yo debí creer que era piloto, porque cada vez que pasaba un avión, saludaba con la mano, diciendo a grito pelado: «¡Ayó, Lito Malolo!». Y todos se partían de risa. ¡Menuda gracia!

Pero un buen día, Lita Pasita empezó a hacer cosas raras. Por ejemplo, una mañana salió a comprar el pan y se perdió. La llevó de vuelta a casa una vecina que se la encontró desorientada. Cuando hablaba con nosotros, a menudo nos cambiaba el nombre. A mi padre le solía decir Manolo. A veces, cuando iba caminando o cuando estaba haciendo algo, de repente se paraba y ya no sabía seguir. Así que la llevaron al hospital. Allí le hicieron pruebas y los médicos dijeron que Lita Pasita tenía alzhéimer.

Mis padres, para variar, no nos dieron explicaciones sobre la enfermedad. «Lita Pasita está malita», se limitaron a decir. Hasta que una tarde, hace dos años, fuimos a merendar a casa de la tía Conchi y

Lita Pasita le dio un manotazo a Daniel para quitarle una galleta de chocolate. Mi hermano, el *heavy,* el de las camisetas de zombis y las botas negras, el mismo que quiere tener una serpiente, empezó a llorar a moco tendido. Al ver así a Daniel, yo también empecé a llorar y no me quería acercar más a la abuela porque me daba miedo. En medio de aquel follón, Lita Pasita se dio un atracón de galletas de chocolate. La tía Conchi intentaba quitárselas y mi madre, nerviosísima, no hacía más que decir: «No pasa nada, no pasa nada...». Pero sí pasaba, porque éramos sus nietos. Es más, incluso se podría decir que ella había criado a Daniel. ¿Qué le pasaba a la abuela? ¿Por qué se comportaba así?

A partir de ese día, los adultos de mi familia decidieron que Lita Pasita estaría mejor atendida en una residencia para personas con alzhéimer. Mi hermano, que habitualmente es un borde de primera, se echó a llorar pensando que mandaban a la abuela a ese centro por su culpa. Así que nos llevaron a los dos a hablar con una educadora que trabajaba donde iba a vivir Lita Pasita. Ella nos explicó todo lo que no sabíamos sobre esa enfermedad.

—Todos tenemos en el cerebro unas células llamadas neuronas que son las que nos permiten recordar, hablar, saber dónde estamos, pensar...

—Ramón, un niño de mi clase, debe de tener muchas de esas, porque siempre saca diez en todo —intervine yo.

—¡Calla, enano! —me gritó Daniel—. No te enteras de nada.

La educadora sonrió y prosiguió hablando:

—El alzhéimer ataca a las neuronas y las daña. Hoy por hoy, aunque hay muchos médicos y científicos investigando esta enfermedad, no hay una medicina que la pueda curar. Por eso, vuestra abuela cada vez tiene más problemas para recordar las cosas y a veces se enfada con vosotros, pero no lo hace porque no os quiera, sino porque no lo puede controlar.

—Si no me hubiera dado un manotazo, no la hubieran encerrado aquí —gruñó Daniel, con remordimientos.

—Tu tía Conchi la ha cuidado estupendamente, pero vuestra abuela cada vez

se irá poniendo peor y en este centro la podremos atender muy bien. Venid conmigo, os enseñaré todas las actividades que podrá hacer.

Así que, bastante desconfiados, nos fuimos a dar una vuelta con aquella señora.

Increíblemente, ella llevaba razón. Entramos en varias salas donde había personas mayores haciendo actividades bastante chulas. Algunos jugaban a vestir muñecos. Otros hacían puzles o escuchaban música con unos auriculares. Alguno incluso cantaba entusiasmado canciones antiguas. Pero lo que ni Daniel ni yo esperábamos era encontrarnos a unos abuelos jugando a la Wii.

—¡Vaya morro! ¡Si hasta juegan a la videoconsola!

—La llamamos Wii-terapia. Son juegos especiales con los que trabajan el equilibrio, la coordinación y la memoria, entre otras cosas.

Cuando nos reunimos de nuevo con nuestros familiares, yo solté:

—¡Pues molaría tener alzhéimer para estar todo el día jugando a la Wii!

La tía Conchi, frunciendo el ceño, contestó:

—No digas eso, Martín, que Dios te va a castigar.

No sé si fue un castigo divino, pero aquella noche tuve una pesadilla terrible. Era el último día de curso y mis padres venían a recogerme al colegio, pero, en vez de acercarse a mí, iban directos hacia Ramón. «¡Hijo, qué buenas notas!», le decían

mirando su boletín mientras se lo llevaban de la mano.

6
Algo malo

Al final, Daniel y yo sí fuimos a la playa en verano, pero ojalá nunca hubiéramos ido.

Para explicar por qué nos fuimos de vacaciones, tengo que empezar contando que mi tía Conchi nunca había tenido novio. Jamás de los jamases. Tampoco tenía hijos. Ni perro, ni gato, ni serpiente... En fin, que solo tenía a Lita Pasita. Hasta que Lita Pasita se fue a la residencia.

La tía Conchi nos quería mucho a Daniel y a mí. Siempre nos daba besos y achuchones y, a menudo, nos hacía rega-

los o nos llevaba al cine. Lo malo era que, cuando hacíamos algo que no le gustaba, nos soltaba alguna de sus frases cortantes y nos dejaba clavados en el sitio. Mi madre decía que eso era porque vivía sola y tenía algunas manías.

Pero todo eso era antes de que conociera a Paco, porque cuando Paco apareció, la tía Conchi cambió radicalmente. En primer lugar, porque se cortó el pelo, se hizo la permanente y se tiñó de rubio. En segundo lugar, porque ya no nos daba las mismas contestaciones que antes y se reía con todo.

Una tarde, mientras yo acababa los deberes, mi madre hacía la manicura a la panadera del barrio y mi padre veía un partido de la Champions, sonó el teléfono.

—Martín, hijo, contesta tú. ¿No ves que tu padre y yo estamos ocupados?

¿Por qué tenía que contestar yo al teléfono si a mí nunca me llamaba nadie? Resoplando, arrastré los pies lentamente hasta el aparato y descolgué el auricular.

—Martín, pon la televisión.

—¿Quién es?

—Soy Agustín. Tío, pon el canal cuatro. Mi madre dice que sale tu tía Conchi en un programa de buscar novio.

—¡Anda ya! —dije, y colgué.

En ese momento, mi padre se levantó a por una cerveza. Rápidamente, busqué el mando y cambié de canal. Allí, en mitad de la pantalla, rubia como una mazorca de maíz, estaba la tía Conchi. La que nunca había tenido novio. Jamás. Ni perro, ni

hijos, ni nada. A su lado, un señor calvo sudaba la gota gorda porque la corbata le apretaba mucho el cuello, o porque estaba nervioso. Yo qué sé.

Mi padre se dejó caer de nuevo en el sofá.

—Dame el mando, Martín. ¿Qué chorrada estás viendo?

—¿Esa no es tu cuñada? —le preguntó la panadera a mi madre.

Luego la panadera dio un grito porque mi madre, al volverse hacia la pantalla y ver a la tía Conchi, le clavó sin querer el cortacutículas.

Aquel señor de la televisión era Paco, al que nunca más hemos vuelto a ver con corbata. Paco es muy simpático y es de Benidorm, una ciudad que tiene muchos

edificios altos y unas playas muy grandes llenas de gente en las que debes estar muy atento a los mayores porque, si no, te pierdes. Me lo repitió la tía Conchi cien mil veces yendo en el coche. Y eso que ya no estaba tan pesada.

Un viernes de julio, mi padre llegó desde Bélgica de muy mal humor. Decía que tenía ciática, porque le dolía mucho la pierna. Mi madre quiso llevarlo a urgencias, pero a él nunca le han gustado los médicos, así que aguantó todo el fin de semana en casa casi sin levantarse de la cama, y eso que daban los partidos del Mundial de fútbol en televisión. El lunes por la mañana mi madre nos despertó a Daniel y a mí muy temprano, aunque ya no había clase. Nos hizo vestir para ir a casa de la vecina

y nos dijo que se iba con mi padre al hospital. Daniel y yo nos asustamos al verlo, porque le costaba respirar.

No lo volvimos a ver hasta dos semanas más tarde. La tía Conchi vino a recogernos desde Benidorm. Nos explicó que mi padre no tenía nada grave en la pierna y que lo íbamos a pasar fenomenal en la playa. Cuando le pregunté por qué respiraba tan mal, cambió de tema.

Para colmo, cuando mi madre hablaba conmigo por teléfono, no me contaba nada de mi padre. Solo disimulaba y decía que todo iba muy bien. Entonces, ¿por qué seguía papá en el hospital?

Con Daniel tampoco se podía hablar. Se pasaba todo el día con los auriculares puestos escuchando música *heavy*.

El primer día de playa conocí a Marta. Tenía un pelo dorado precioso, y pecas. Estaba de vacaciones con sus abuelos.

—Mis padres no me quieren —me dijo al rato de conocernos.

—¿Por qué dices eso? —le pregunté, aturdido.

—Porque solo trabajan, trabajan y trabajan.

—¡Pues claro! Para pagarte la ropa y los libros del cole, ¿no?

—¿Y los tuyos? ¿Dónde están? ¿También trabajando?

Le conté a Marta que mi padre estaba en el hospital y que mi hermano y yo estábamos con la tía Conchi y Paco.

—¿Qué le pasa exactamente a tu padre?

—No lo sé —repuse—. Solo me dicen que tiene algo en una pierna; pero fue al hospital porque le costaba mucho respirar.

—¿Tu padre fuma?

—Sí, menos en casa, porque mi madre no le deja.

Marta se apartó el pelo de la cara, arrugó el entrecejo y me soltó a bocajarro:

—Entonces seguro que tiene cáncer, porque por una pierna a nadie le cuesta respirar. Además, no te dejan ingresado solo por un dolor en la pierna. A no ser que se la hayan cortado, claro.

Me quedé mudo. No podía pronunciar palabra alguna. Marta, como yo no comentaba nada, añadió:

—Si no te lo dicen es porque es algo malo. Eso seguro.

Y dicho esto, siguió cavando su pozo en la arena tan alegremente.

7
El nudo

Mi madre siempre dice que tengo un pozo sin fondo en el estómago. Me gustan todos los quesos, hasta los que huelen parecido a los pies podridos de mi hermano. Me encanta la fruta, soy capaz de comerme media sandía de una sentada. Me flipan los platos de cuchara: unas lentejas con chorizo o un buen cocido con su sopa de fideos y sus garbanzos con carne. Me encantan las *pizzas*, las hamburguesas, las croquetas, las tartas de todo tipo... Pero es que también me gustan las

verduras. Mi hortaliza favorita es el brócoli. Primero hay que hervirlo y luego sofreírlo con aceite de oliva y mucho ajo. ¡Qué pasada! ¡Me encanta! Soy el único que lo ha probado de toda mi clase. Creo que por eso me dieron la medalla de la pirámide alimenticia el curso pasado.

Sin embargo, estando en Benidorm, ese pozo que tengo en el estómago se me cerró. Parecía que tenía un nudo. Uno de esos marineros, de tres vueltas. A veces me entraban ganas de vomitar solo de ver la comida.

La tía Conchi empezó a preocuparse cuando vio que Daniel se terminaba mi filete empanado o mis salchichas en la cena. Y se preocupó aún más cuando yo empecé a decir en el paseo marítimo que no quería

helado. Hasta que, finalmente, se empeñó en llevarme al pediatra. Creo que no me llevaban al médico desde que me zampé doce albóndigas en casa de la tía Conchi hace dos años. Me entró una vomitera horrorosa, y después me dio diarrea. Mejor ni recordarlo. Pero, asombrosamente, no las aborrecí. ¡Si es que tengo un saque!

El pediatra tenía gafas negras y un bigote grandísimo.

—A ver, ¿qué te ocurre, chaval?

—A mí nada...

—No come apenas —intervino mi tía—. Él, que es un tragón de primera, doctor.

—Bueno, bueno..., pero es que hace mucho calor. En verano puede ser normal.

Mi tía parecía agobiada con la tranquilidad del médico.

—Lleva dos semanas conmigo y creo que incluso ha perdido peso. Yo lo veo más delgado. Mi cuñada va a creer que no le doy de comer...

—Ven, túmbate aquí, chaval.

El médico me levantó la camiseta, empezó a palparme la barriga por varios sitios y me susurró en voz baja, guiñándome un ojo:

—Tu tía se preocupa demasiado, ¿verdad?

Luego miró a la tía Conchi y le dijo:

—La exploración es normal.

—¡Pero algo le tiene que pasar! —exclamó ella, casi disgustada por haberse enterado de que no estaba enfermo—. Yo no lo he parido, pero lo conozco como si fuera mi hijo.

—Vale, vale..., cálmese. Vamos a hacer una cosa; va a salir un momentito a la sala de espera y se va a tomar un vasito de agua de la máquina. Enseguida estaré con usted.

—¿Y el niño?

—El niño estará bien.

—Entonces, ¿le va a hacer alguna prueba?

—No, vamos a hablar un momento.

—¿A hablar?

—Sí, de fútbol. Mejor vaya a por el agua.

Y dicho esto, casi empujó a la tía Conchi fuera de la consulta.

—Uf, espero que te guste el fútbol, porque era una mentirijilla. —Sonrió.

Me eché a reír. Aquel tipo parecía simpático.

—Me encanta, pero me he perdido casi todos los partidos del Mundial.

—Vaya, ¿y eso?

—Porque bajamos a la playa a la hora que los ponen en la tele.

—Claro...

—Yo pensaba verlos todos con mi padre.

—¿Y él no ha venido a la playa?

Negué con la cabeza. Sin saber por qué, me puse muy serio.

—¿Está trabajando, quizás?

Volví a negar con la cabeza. El nudo del estómago me había subido a la garganta y me impedía hablar.

—Ah..., padres separados —interpretó el médico.

En aquel momento me sentí el más tonto del planeta porque de mis ojos empezaron a salir lágrimas y más lágrimas.

El médico tomó un pañuelo de una caja y me lo acercó diciendo:

—No pasa nada, llora si lo necesitas.

—Mi padre no está trabajando, ni está divorciado de mi madre... Lo que le pasa es que tiene cáncer.

8
¡Albóndigas!

Al día siguiente regresamos a la ciudad. El pediatra no me mandó ninguna medicina. Solo visitar a mi padre y que me contaran lo que le ocurría exactamente.

La tía Conchi se tomó muy en serio las indicaciones del doctor y, mientras Paco conducía, nos explicó exhaustivamente lo que le había sucedido a mi padre:

—Como os iba diciendo, el trabajo de vuestro padre es muy sedentario. Pasa muchas horas en el camión, conduciendo, aunque de vez en cuando pare a estirar las

piernas. Eso pudo causar que se le formara un pequeño coágulo en la pierna, con tan mala suerte de que ese coagulito se fue hacia el pulmón y le dio un buen susto. Por eso ha tenido que estar ingresado todo este tiempo. Pero muy pronto le darán el alta.

De repente, la tía Conchi miró hacia donde estaba sentado mi hermano y gritó:

—¡Daniel! ¡Estoy hablando también contigo!

Daniel se levantó los auriculares y unos gruñidos acompañados de guitarras eléctricas emergieron de ellos.

—¡Que ya te oigo! ¡Si hablas a grito pelado!

Al llegar al hospital, entré corriendo a la habitación de mi padre, saltándome a la torera todas las indicaciones que me había

dado la tía Conchi de estar en silencio y no alborotar.

—¡¡¡Papá!!!

Mi padre, que me esperaba con los brazos abiertos, me dio un apretón de los suyos. Seguramente, para que viera que estaba bien fuerte. Lo miré. Tenía un tubito de plástico que le cruzaba la cara y le pasaba por debajo de la nariz. Cuando vio que lo observaba, se arrancó el tubito de un manotazo.

—¡Qué moreno y qué guapo estás, hijo!

Llegó una enfermera con la bandeja de la comida.

—Las gafitas de oxígeno no se las puede quitar —le riñó con el mismo tono de voz que pone mi profe en el colegio cuando hacemos algo que no le gusta.

Mi padre se puso de nuevo el tubito debajo de la nariz. Antes lo acercó a la palma de mi mano y noté que, por unos agujeritos, salía aire. No sé por qué lo llamaban «gafitas» si no se ponían en los ojos.

—Se empeñan en que lleve esto puesto. Son muy pesadas... Pero ya ves que estoy fenomenal. La final del Mundial la vemos juntos, ¿eh?

Asentí entusiasmado mientras le tocaba a mi padre las dos piernas por encima de la sábana comprobando que no le habían cortado ninguna. Marta se había equivocado estrepitosamente con su diagnóstico.

—¿No vas a darle un beso enorme a tu padre? —le recriminó la tía Conchi a Daniel.

—Cuando se quite de en medio el enano, ¿no?

Me fui a abrazar a mi madre, que parecía cansada. La tía Conchi le tiró del brazo a Daniel para que se levantara de la cama de mi padre, donde se había sentado después de saludarlo.

—Bueno, déjalo que coma tranquilo, que se le enfría.

¡Qué pesadita se pone a veces mi tía aunque tenga novio! Mi padre destapó la bandeja de la comida.

—¡Albóndigas! ¡Qué ricas! —exclamé yo—. ¡Cuántas te han puesto! ¿Te las vas a comer todas?

Y todos se echaron a reír. Hasta mi hermano.

9
Los cachorros de Cora

Al llegar de nuevo a nuestro barrio, nos enteramos de que Cora, la perra de Agustín, había tenido seis cachorros. Enseguida fui a verlos. La pobre Cora parecía agotada. Los cachorros la buscaban incesantemente para mamar.

—La tienen seca —dijo la madre de Agustín—. Les vamos a empezar a dar biberones de leche, como suplemento.

Aunque estaba de vacaciones, yo ponía el despertador muy temprano cada mañana para ir a casa de Agustín y así ayudar

a darles el primer biberón a los cachorros. Daniel, cuando oía el despertador, gruñía y me tiraba la almohada, una zapatilla o lo primero que tuviese a mano. ¡Qué ganas tenía de que nos mudáramos al dúplex para tener mi propia habitación!

De los seis cachorros, tres eran machos y tres, hembras. Todos de color chocolate, aunque varios tenían alguna mancha blanca. Mi favorito era uno que tenía una especie de rayo blanco en el pecho.

—Si mis padres me hubieran dejado quedarme con este, lo hubiera llamado Rayo —le confesé a Agustín.

—Vuelve a preguntarles. A lo mejor han cambiado de opinión.

Pero en casa, como solía decir la tía Conchi, no estaba el horno para bollos. Mi

padre, que había regresado del hospital y aún no se encontraba bien del todo, parecía enfadado.

—Estoy deseando montar en el caballo otra vez.

Así llamaba mi padre a su camión. Como si, en vez de transportista, fuera jinete.

—No sabe estar en casa —se desahogaba mi madre con las vecinas en el parque—. Lleva fatal estar de baja. Y, para colmo, ha dejado el tabaco por indicación del médico. Así que la ansiedad se lo come.

A mí me encantaba estar con los cachorros. A medida que iban creciendo, las tomas de leche se espaciaron. Luego empezaron a salirles los dientecitos. El pelo les creció. Dejamos de darles biberón porque, además de mamar, comenzaron

a comer pienso. Ya no eran tan dependientes de Cora. Ella los empujaba con su hocico, tanto para animarlos a hacer cosas como para regañarlos. Les pusimos nombre a todos, aun sabiendo que sus futuros dueños seguramente se lo cambiarían.

Rayo era un leoncillo en miniatura. Le encantaba morder los juguetes de trapo y gruñir. Aún no controlaba bien su cuerpo al correr, por lo que algunas veces tropezaba y era muy gracioso.

El piso de Agustín era igual de pequeño que el mío, así que su madre estaba deseando que los cachorros creciesen lo suficiente para poder entregarlos.

A final del verano, los padres de Agustín empezaron a separar a los cachorros de

la madre. Lo hicieron de uno en uno, para que Cora no se pusiera triste.

A la primera que se llevaron fue a Luna. Después a Danko. Luego a Kira y a Gala. Más tarde a Bruno. El último en irse fue Rayo. Cora no vio como se lo llevaban porque la tenían entretenida en la cocina dándole salchichas cocidas y, como era tan glotona como yo, estaba supercontenta. Al salir, fue hacia su camita y olfateó, buscando a Rayo. Como no lo encontraba, nos miraba y lloriqueaba. Parecía pedirnos ayuda para localizar a su cachorro. Yo estuve a punto de echarme a llorar, pero me aguanté por vergüenza. Entonces, Agustín le enseñó la pelota.

—Eh, Cora, mira, ¿quieres ir a jugar al parque?

Cora se puso a dar saltos de alegría mientras Agustín le ponía la correa. A fin de cuentas, durante todo el tiempo que había estado cuidando a sus pequeños, no había ido al parque más que para hacer sus necesidades.

—¿Vamos? —me preguntó Agustín.

—No puedo, he de volver a casa —mentí.

Y me fui lo más rápido que pude para que no vieran que me brillaban los ojos.

Aquella noche mi madre propuso ver una peli y comer palomitas. Mi padre, que llevaba varios días bastante taciturno, dijo que estaba cansado y se acostó.

—¡Vale! Pero que sea de miedo —pidió Daniel.

—Escogeremos una que le guste también a Martín —dijo mi madre.

—Yo también me voy a dormir. Elegid la que queráis.

Desde la cama, oí que mi madre hablaba por teléfono con la madre de Agustín. «¿Ha pasado algo esta tarde? ¿Han discutido Agustín y Martín? Es que está muy raro, lo noto tristón. (...) ¡Ah! Entiendo. (...) Es una pena que ahora no hayamos podido quedarnos con el perrito. (...) Sí, eso es, bastante tenemos ahora con lo que tenemos».

10
Red

«Bastante tenemos ahora con lo que tenemos». ¿Qué significaría aquello?

Si mi profe ve que en una frase repites dos veces la misma palabra, te la tacha con rotulador rojo sin piedad.

Con aquella expresión mi madre debía referirse a mi padre, que estaba muy raro. Ni siquiera había querido ir a ver a Lita Pasita desde que había vuelto del hospital. Y eso que íbamos todos los domingos sin excepción.

El primer día sin Rayo yo también me sentía raro. Pensaba que las horas se me iban a hacer eternas sin los cachorros. Me levanté sin ganas de hacer nada, solo porque me había despertado y no aguantaba más el olor a pies podridos de Daniel. No había desodorante en el mundo que lograra eliminar aquel pestazo.

Sin ni siquiera lavarme la cara arrastré los pies descalzos hasta la cocina, a ver qué había para desayunar.

—Buenos días, dormilón —me recibió mi madre sin regañarme por no llevar las chanclas—. Estoy haciendo un bizcocho de frutos secos, pero hasta la tarde no se podrá comer.

—¿Hay cereales?

—Hay cereales y galletas. Pero no te atiborres, Martín, porque tú y yo nos vamos a ir a pasar el día al centro comercial y comeremos en la hamburguesería que tanto te gusta.

—¡Bien! —exclamé, contento—. ¿Y eso?

—Pues porque me apetece que hagamos algo especial antes de que empiece el cole.

—¿Tenemos que esperar a que Daniel y papá se levanten?

—No. He pensado que hace mucho que no pasamos un día tú y yo juntos, los dos solos. Así que voy a sacar un táper de lentejas del congelador y les dejaremos una nota con un imán en la nevera.

Nos echamos a reír, disfrutando de sentirnos algo malvados con nuestro plan.

Al llegar al centro comercial, mi madre se detuvo delante del escaparate de la tienda de animales.

—Martín, quería decirte que me siento muy orgullosa de ti. Has sido muy responsable cuidando a los cachorros de Cora. Aunque no hayamos podido quedarnos con un perrito ahora, me has demostrado que serás capaz de cuidar a tu propio perro cuando vivamos en la casa nueva.

—Mira, mamá, han dejado de vender cachorros en esta tienda —observé—. Antes los tenían en el escaparate. Ya no. Mejor así.

—Es verdad, cariño. Daba mucha pena verlos lloriquear detrás del cristal.

—Ahora solo venden peces.

—¿Entramos a verlos? —propuso ella.

De camino a los acuarios, pasamos por

el pasillo de los juguetes para perros. Bajo un cartel en letras mayúsculas que ponía: «OFERTA», había una cesta de pelotas de goma.

—¡Mamá, a un euro! ¿Me dejas que compre una para mi futuro perro?

Mi madre asintió, sonriendo.

Elegí una pelota roja y nos dirigimos hacia el fondo de la tienda.

—Mira, Martín, ¡peces payaso!

Enseguida se acercó un dependiente.

—¿Les puedo ayudar en algo?

Mamá, de repente, me preguntó:

—¿Quieres que nos llevemos un pececito?

—¿De verdad? —pregunté, sorprendido.

—Claro. Aunque el salón sea pequeño, una pecera cabe perfectamente.

Me puse a dar saltos de alegría. Luego la miré y pregunté:

—Pero lo de tener el perro va en serio, ¿no?

Ella se echó a reír.

—Sí, muy en serio.

—¿Cuál te gusta? —intervino el dependiente.

—Uno de estos.

—¡Ah, no! ¡Imposible! El pez payaso necesita un acuario de agua salada.

Corrí hacia otro de los acuarios.

—Entonces este —señalé—. O este otro.

—Estos son escalares, y estos, peces betta. Entiendo que se van a llevar un acuario. Tengo uno en oferta por setenta y cinco con noventa y nueve que incluye luz led, bolsa de piedrecitas para el fondo y una roca artificial.

Mi madre negó repetidamente con la cabeza.

—No, verá, solo queremos un pececito.

—¿Solo uno? —preguntó el dependiente, como si llevarse solo un pez fuera algo rarísimo.

—Solo uno —confirmó mi madre—. De esos naranjas de toda la vida. Y una pecera. También de las de toda la vida, de esas redondas de cristal.

—Pues, en ese caso, tiene que ser uno de estos —puntualizó, señalando un único acuario de todos los que había en la tienda.

—¡Vaya! —exclamé yo, algo decepcionado.

—*Goldfish* —dijo mi madre leyendo el rótulo del acuario—. ¡Son bonitos!

—Es una carpa común —añadió el dependiente, visiblemente consternado con nuestra elección.

No había mucho donde elegir, la verdad. Casi todos eran de color naranja. Había algunos blancos. Y otros rojos, con alguna manchita blanca.

—Me gusta aquel rojo —me decidí al fin.

—¿Nos lo puede sacar?

—Uno rojo, ¿verdad?

—Uno cualquiera, no. Ese de allí —señalé.

El dependiente resopló y se alejó murmurando. Enseguida regresó con una bolsa de plástico transparente llena de agua y una red. Le costó bastante conseguir atrapar al pez, aunque finalmente lo logró.

—Lo llamaré Red.

—¡Qué original! —Aplaudió mi madre.

—Superoriginal —añadió el vendedor con un tono de voz un tanto sarcástico.

Y así fue como Red entró a formar parte de nuestra familia.

11
Terapia perruna

—¿Es que te has echado otra novia, Manolo? —le reprochó Lita Pasita a mi padre en cuanto lo vio entrar por la puerta de su habitación en la residencia.

Mi padre se echó a reír.

—Tú eres el único amor de mi vida —le dijo acercándose y besándola en la frente.

Luego, Lita Pasita miró a la pared y ya no dijo nada más.

La mente de la abuela podía estar nublada como un día lluvioso de septiembre, pero ella había extrañado nuestras visitas.

Especialmente había echado en falta la presencia de mi padre, al que confundía con el abuelo Manolo.

—Lita Pasita, ¿sabes que tengo un pez? Se llama Red.

—En realidad, Martín lo quería de color blanco —dijo burlón Daniel—, pero no se acordaba de cómo se decía en inglés.

—¡Mentiroso! ¡Sí lo sé! ¡Se dice *white*! ¡He sacado un nueve en Inglés!

—Dejadlo ya... —intervino mi madre.

Daniel, el muy bobo, se reía con la boca abierta, enseñando todos los brákets. Lita Pasita me miraba fijamente y sonreía, aunque creo que no se estaba enterando de nada.

—¡No te rías tanto, que has cateado cuatro, palurdo!

—Martín, no insultes —me advirtió mi padre.

—¿Y a él no le dices nada?

Si no llega a ser porque en aquel momento apareció la educadora del primer día, aún seguiríamos discutiendo.

—¡Buenas tardes, familia! —nos saludó—. ¡Qué alegría veros, chicos! Habéis llegado justo a tiempo para acompañar a vuestra abuela a la terapia.

—Yo solo voy si es para jugar un rato a la Wii —soltó mi hermano.

—Es un taller nuevo que es muy divertido —anunció ella sin perder la sonrisa—: terapia asistida con perros.

—¡Toma, qué morro! —se me escapó.

Así que nos fuimos para allá. Daniel empujaba la silla de ruedas de Lita Pasita, a

quien cada vez le costaba más caminar. Ya solo daba pasos torpes por la habitación.

Al llegar a la sala de «perro-terapia» nos encontramos con un labrador, un *yorkshire* y un perrito mestizo de ojos inquietos, que movió la cola nada más vernos.

Lita Pasita parecía entusiasmada. Algunas ancianas comenzaron a peinar al *yorkshire* con ayuda de las auxiliares. Otro abuelo se animó a pasear por la estancia al labrador, que era muy tranquilo. Una de las terapeutas trajo al perrito mestizo al lado de la abuela, que no paraba de sonreír.

—¿Quieres acariciarlo, Paquita? —le preguntó la chica.

La abuela extendió el brazo, pero su mano temblaba y no era capaz de controlar sus movimientos.

—¿Qué le pasa? —le preguntó Daniel a la educadora.

—Esta enfermedad afecta a la motricidad de las personas. Por eso cada vez le cuesta más caminar y también hacer ciertas tareas, como utilizar los cubiertos, el cepillo del pelo...

—Me gustaría que pudiese hacer lo que hacen las otras personas —dijo Daniel, sombrío.

—Es muy duro, pero es una enfermedad degenerativa. Cada vez será más dependiente.

—¡Sube, Pupi! —ordenó entonces la terapeuta.

Aquel perrillo de ojos inquietos se encaramó de un salto a las piernas de Lita Pasita. Ella dejó escapar un sonido similar

a una carcajada. Pupi puso su hocico sobre el hombro de la abuela y suspiró. Era increíble verlos a los dos tan a gusto el uno con el otro. Lita Pasita lo acarició con aquellas manos torpes que ya no le respondían como antes. Se la veía radiante.

De vuelta a casa, Daniel iba muy serio. Él nunca hablaba de nada de lo que le preocupaba; pero, en el fondo, aunque fuera bastante borde, también tenía sus sentimientos.

—Daniel está triste porque la educadora nos ha dicho que la enfermedad de Lita Pasita es degenerativa —solté, queriendo hablar del tema.

—¿Qué dices, enano? ¡Tú lo flipas!

—No pasa nada por decir que estás triste —insistí.

—¿De qué hablas, cabeza de chorlito? Tienes menos neuronas que el tonto de tu pez.

—¡Mi pez no es tonto!

—No discutáis en el coche, que vuestro padre va a tener un accidente —intervino la fatalista de mi tía Conchi.

—¡Si ha empezado él, que ya está con sus paranoias! ¡Me tenía que haber traído los auriculares! —gruñó mi hermano.

—¡Como pare el coche, os juro que os bajáis y volvéis a casa andando! —amenazó mi padre.

Y ahí terminó toda la conversación familiar sobre la significativa transformación que había sufrido Lita Pasita en los últimos meses. ¡Menuda familia!

12
El rey de la casa

Llegó septiembre y con él los tres volvimos a clase. Sí, los tres, porque mi madre anunció que se había matriculado en el último curso de peluquería, estudios que había tenido que dejar cuando yo nací.

—Con el título de técnico en peluquería, además del de estética, tendré más oportunidades laborales.

—Si te gusta, hazlo —dijo mi padre—, aunque con tus clientas de las uñas ya tienes más que suficiente.

—A lo mejor algún día trabajo en un salón de belleza —replicó ella.

—Sé realista, mujer, ¿con quién vas a dejar a los niños tantas horas?

—Quizás consigo encontrar algo de media jornada.

A pesar de que en el colegio, los maestros siempre nos decían que las tareas de casa eran responsabilidad de toda la familia, la verdad es que, en la nuestra, casi todas las labores domésticas las hacía mi madre. Ella iba a la compra, ella cocinaba, ella ponía la lavadora, ella planchaba, ella limpiaba...

Mi padre, para ser sinceros, no hacía absolutamente nada. Lo cierto es que trabajaba muchas horas con el camión y llegaba reventado de los viajes internacio-

nales. Pero algunas veces, con la excusa del trabajo, se columpiaba un poco. Como, por ejemplo, cuando se tumbaba en el sofá y, por no levantarse e ir a la cocina, le pedía a mi madre una cerveza, o un café, o un vaso de agua...

Por otra parte, mi hermano y yo teníamos la obligación de mantener ordenada nuestra habitación y limpiarla los sábados por la mañana. Lo del orden era una utopía y, el único sábado que nos pusimos a limpiarla entre los dos, casi nos acabamos zurrando, Daniel con la escoba y yo con el palo de la fregona. Empezamos de broma, como los espadachines de las películas, pero terminamos como leones. Mi madre se enfadó muchísimo. Desde aquel día, solo nos quedó una tarea

asignada a cada uno: yo era el encargado de poner y quitar la mesa, y mi hermano de tirar la basura.

Sin embargo, con la nueva situación de mis padres los roles en casa cambiaron. Mi madre salía cada mañana a estudiar y mi padre, que continuaba de baja por enfermedad, se encargaba de hacer las cosas de casa.

El primer día que cocinó acabamos bajando a comer al restaurante chino porque, por equivocación, le había echado al guiso de pescado azúcar en vez de sal y aquello estaba incomestible. Cuando Daniel propuso pedir cerdo agridulce, mi padre se quejó:

—Pues eso también lleva azúcar y os lo coméis.

El segundo día mezcló la ropa blanca con la de color y las sábanas de la cama de mis padres se tiñeron de rojo y azul.

A partir del tercer día, mi madre empezó a dejarle instrucciones por escrito de cómo hacer las tareas, paso a paso. La cocina estaba llena de pósits. Él, en vez de agradecerlo, se molestó.

—¡Yo sé hacer de todo! Solo estoy un poco desentrenado. ¡Ya echaréis de menos mis lentejas con chorizo cuando vuelva al camión!

Eso sí, en casa el único que se encargaba de Red era yo. Habíamos puesto la pecera encima del mueble del salón y, cada noche, lo alimentaba con unos granulitos. El dependiente de la tienda de animales me había advertido de que no había que

echarle muchos porque, si no, podía empacharse. Además, cada domingo le cambiaba el agua de la pecera y la limpiaba hasta dejarla reluciente. Después de hacerlo siempre me tumbaba en el sofá a mirar cómo nadaba Red. Pensaba que, con lo bien cuidado que estaba y con aquella pecera solo para él, era el rey de la casa.

13
Lunares y manchas

Transcurridas un par de semanas, mi padre se había acostumbrado a ser el amo de casa. Incluso se aficionó a ir a la plaza de abastos los sábados por la mañana a hacer la compra de los productos frescos. Yo lo acompañaba. Como seguía recuperándose de su pierna, llevábamos el viejo carrito de la compra de Lita Pasita.

En casa se volvió muy pesadito. Que si habéis puesto el lavabo perdido de pasta de dientes y esta misma mañana lo he limpiado. Que no quiero ver nunca más un montón de ropa sucia tirada en el bidé,

que para eso está el cesto de la ropa sucia. Que a ver si por lo menos ayudáis a recoger el lavavajillas, que vaya par de gandules estáis hechos, que no os va a salir novia en la vida porque, en cuanto vea que no sabéis freír un huevo, se las pira...

Para colmo, mi padre también se había aficionado a llevarme y traerme del colegio. Incluso me dijo que iba a pedir una tutoría con la profe para preguntarle cómo llevaba el curso. ¡Lo que faltaba!

Un día, al llegar a casa a la hora de comer, vi que había hecho cambios en el salón.

—¿Qué ha pasado aquí?

—He reestructurado el espacio. Así entra más luz —contestó satisfecho.

Sí, luz entraba. Y con la nueva ubicación del mueble, el sol le daba de pleno a Red.

Enseguida moví de sitio la pecera. Estaba hirviendo.

—¡A los peces no les puede dar el sol directamente! ¡No ves que entonces se mueren!

—Vaya, lo siento... —musitó él.

Aquella noche Red no subió a comer. Dejó los granulitos de comida flotando en la superficie y permaneció muy quieto en el fondo de la pecera. Me fui a la cama un poco preocupado.

Al día siguiente, mi madre entró en mi habitación antes de que sonara el despertador.

—¡Arriba, dormilón! Hoy desayunamos fuera.

—¿Y eso?

—Se me olvidó comprar pan para las tostadas.

—Pues comeré galletas.

—Que no, venga, vístete que nos vamos volando.

Cuando estábamos en la puerta de casa, mi madre con el bolso colgado del hombro y yo con mi mochila, me acordé de Red.

—Voy a ver al pez. Ayer estaba raro.

—¡Que no llegamos! —chilló mi madre, nerviosa.

Y, antes de que yo pudiera responder algo, ya estábamos bajando en el ascensor. Tantas ansias por desayunar y, al final, ella solo se pidió una tila.

—¿No querías tostadas? —pregunté.

—Se me ha quitado el hambre, cielo.

Al mediodía, al salir del colegio, me encontré con mi madre en la puerta.

—¿Y papá?

—Hoy me he podido escapar un poco antes de las clases.

Al llegar a casa, fui corriendo a ver a Red. Estaba muy raro. Su mancha blanca del lomo parecía mucho más alargada. Y, por si fuera poco, le había salido otra alrededor del ojo. Mis padres discutían por lo bajini de no sé qué.

—¡Mirad, mirad! Red está muy extraño. ¡Le ha salido una mancha nueva!

Mi madre se acercó a verlo y, acto seguido, miró a mi padre mientras fruncía el ceño.

—Tú ponle pegas. Con lo que me ha cos...

Mi madre lo interrumpió:

—Martín, ¿sabes que los bebés cuando nacen no tienen ni un solo lunar? Les van saliendo poco a poco.

—Ni los dálmatas —añadió mi padre—. Nacen completamente blancos.

—¿En serio? Entonces será que le están saliendo las manchas, ¿no?

—Puede ser —dijo mi madre.

—Pero, bueno, ¿es que no oléis nada vosotros dos? —intervino mi padre—. He hecho una tortilla de patatas y un gazpacho que quitan el sentido.

—¡Tengo un marido que vale su peso en oro! —lo alabó mi madre.

—Incluso estoy pensando en ir a ese concurso de cocina de la tele...

—Bueno, papá, tampoco te vengas arriba —me salió del alma.

Y los tres nos echamos a reír.

14
Planes truncados

Avanzaba el mes de septiembre y mi padre estaba muy contento porque pronto iba a volver a conducir el camión. Aunque seguía con molestias en la pierna, él intentaba no quejarse. Pero un buen día recibió una carta que lo puso algo nervioso. Por lo visto, tenía que ir a que lo evaluaran varios médicos para comprobar que todo estaba bien.

Un día, antes de salir del colegio, la profe me dijo que mi madre había llamado para autorizar que volviese a casa con

Agustín y su madre. Hasta ahí, todo me pareció normal. Sin embargo, cuando llegué a casa me encontré a mi padre llorando en el salón. Lloraba sin parar, como yo cuando me caí de la bici y me hice aquel corte tan profundo en la rodilla. Mi madre no sabía cómo consolarlo y casi lloraba ella también. La tía Conchi, que estaba en casa, enseguida me quiso mandar a mi habitación.

—¿Le ha pasado alguna cosa a Lita Pasita? —pregunté, asustado.

Entonces, mi madre me explicó que los médicos habían decidido retirarle a mi padre el carnet de conductor profesional. Podría seguir llevando su coche, pero ya no podría conducir un camión. Estar tantas horas sentado suponía un riesgo muy

grande para su salud. Los médicos temían que le pudiera aparecer otro coágulo.

Me escabullí de mi madre y de mi tía, y fui corriendo a abrazar a mi padre.

—¿Te duele la pierna, papá?

Él negó con la cabeza.

—Me duele aquí —dijo tocándose el pecho a la altura del corazón.

—¡Pues hasta que no te veas las tripas fuera, no llores! —le solté sin pensarlo.

Mi padre sonrió y me dio dos cachetes cariñosos en la mejilla.

—¡Ese es mi chico! ¡Así te he enseñado y así debe ser! —dijo secándose las lágrimas.

—Todo se va a arreglar, ya verás —le dije abrazándolo muy fuerte.

A partir de ese día, todo cambió en casa.

Dejamos de ir a ver muebles para el dúplex. Mi madre nos explicó a Daniel y a mí que a mi padre le iban a dar una pensión. Es decir, que iba a cobrar un sueldo cada mes, pero ni mucho menos como el que cobraba antes. Así que habría que ajustarse el cinturón.

—Y entonces, ¿no iremos a vivir a la casa nueva? —pregunté.

—Sí, cuando la terminen, pero nos tendremos que llevar los muebles viejos. Es lo que hay. —Suspiró mi madre—. Vosotros no os preocupéis, el resto de planes sigue igual que antes.

Me quedé más tranquilo. Mejor ahorrar en muebles que ahorrar en los gastos de mi futuro perro.

15
Pediculosis

La tía Conchi solía decir que, cuando todo va mal, siempre puede ir peor. Ella solía soltar esas frases tan poco optimistas.

Sin embargo, algo de razón llevaba porque, dos semanas después de que mi padre se quedara sin su trabajo, pillé piojos en el colegio.

Los piojos son unos bichos diminutos que campan a sus anchas por la cabeza de los niños. Para colmo, son familia numerosa. Con unos pocos que pilles, enseguida

tienes una plaga en la cabeza, porque se reproducen muchísimo.

Una mañana, en clase de Matemáticas, yo me rascaba la cabeza sin parar. Como estaba concentrado en las divisiones, no me di cuenta de que aquel picor no era normal.

—Martín, a la pizarra.

Siempre igual, la profe tenía una especie de radar para detectar a los que estábamos completamente perdidos. Una vez localizados, nos sacaba a la pizarra.

—No lo sé hacer —dije con un hililllo de voz.

—Pues por eso, a la pizarra. Venga, yo te ayudo.

Sin más remedio, arrastré mis pies mientras veía que los más empollones al-

zaban la mano pidiendo participar. ¡Qué fastidio!

Mientras la profe me fue explicando la operación paso a paso, que era más difícil que una intervención a corazón abierto (de ahí que se llamen «operaciones»), noté cómo se iba aproximando mucho a mí, hasta casi pegar su cabeza a mi cuero cabelludo.

—No te sabes las tablas, Martín. Así es imposible que te salgan las divisiones.

—Me las voy a estudiar —prometí.

—Por cierto, en el recreo pásate por el despacho un momento, que te daré una carta para tus padres.

No me enteré de nada de lo que la profe explicó desde aquel instante hasta la hora del recreo. El corazón me latía a cien por

hora. ¿Qué pondría aquella carta? Algo malo, seguro. Contaba los segundos para poder abrirla y saber a qué atenerme antes de llegar a casa.

Sonó el timbre del recreo. ¡Al fin! Pero mi gozo en un pozo, como dicen los mayores. El sobre estaba cerrado.

Mi padre vino a recogerme como era habitual. Esperé a llegar a casa para sacar la carta de la mochila y enseñársela.

—¿Qué es eso?

—No sé, algo del cole.

Él abrió el sobre y leyó en voz alta: «Estimados padres, en el colegio hemos observado que su hijo sufre pediculosis. Entendemos que esto puede suceder, pero les rogamos pongan en marcha los recursos necesarios para solventar esta

situación. Con el fin de que no se propague al resto del alumnado, les solicitamos que el niño no acuda a clase hasta haber solucionado el problema».

—Pediculosis... —repitió mi padre en voz alta.

Ambos nos miramos con cara de no tener ni idea de lo que significaba aquella palabreja.

—¿Qué es eso?

—¿No te habrás tirado un pedo en clase?

—¡Noooooo! —contesté.

—¡Qué finos son estos del colegio!

Nos echamos a reír a carcajadas. Después mi padre buscó el móvil, activó el altavoz y llamó a mi madre.

—Dime, ¿qué pasa? Estoy secándole el pelo a una compañera de clase.

—El niño trae una carta de la directora diciendo que tiene pedicuro..., pedicuso... Espera, que te lo leo: pediculosis. ¿Tú sabes lo que es eso?

—¡¿En serio?! —chilló mi madre.

—¡Pues sí! Dicen que no puede volver hasta que no lo solucione.

Yo me había quitado los zapatos y observaba atentamente mis pies para ver si aquello de la pediculosis me había causado algún efecto raro en ellos.

Mi madre susurró algo indescifrable por teléfono.

—¡Habla más alto, que no me entero de nada! —le pidió mi padre.

—Espera, que salgo fuera.

Pasados unos segundos, la oímos que decía:

—Piojos. Significa que Martín tiene piojos. ¡Qué disgusto más grande, por favor! ¡Y qué vergüenza! ¡El hijo de la peluquera con piojos!

—Bueno, mujer —dijo mi padre rascándose instintivamente la cabeza—, a cualquiera le puede pasar. ¿Y qué hacemos?

—Tengo prácticas en la academia hasta las cinco. Ya sabes que no puedo faltar. Vete a la farmacia y compra algún producto para eliminarlos.

—De acuerdo, no te preocupes. Lo tenemos todo bajo control, ¿verdad, Martín?

Pues no, nada estaba bajo control. Yo tenía la cabeza plagada de piojos, mi madre no estaba y mi padre, hasta cinco minutos antes, creía que la pediculosis era tirarse pedos. En fin...

Nos montamos en el coche y mi padre condujo hasta una farmacia. No habíamos comido y yo estaba muerto de hambre, pero él dijo que era mejor coger al toro por los cuernos y no dejarlo para más tarde.

—¿Por qué no hemos ido a la farmacia de al lado de casa? Abre a mediodía —pregunté.

—Mejor no. Como dice la tía Conchi: «Cría fama y échate a dormir». No quiero que te vean en la urbanización y digan: «Mira, el piojoso del barrio».

Definitivamente, nada estaba bajo control.

Al llegar a la farmacia, mi miedo a ser un bicho raro desapareció, pues la farmacéutica nos acompañó hasta un mostrador

lleno de productos para la pediculosis. Un sonriente piojo de cartulina decoraba la estantería. Si había a la venta tantos artículos, no debía de ser tan raro pillar piojos.

—Antes la gente creía que estos parásitos se tenían por falta de higiene, pero no es así —explicó aquella señora—. Eso sí, no es tan sencillo acabar con ellos. Es importante que el resto de la familia os observéis la cabeza en casa. Se contagian fácilmente compartiendo toallas, peines..., o simplemente por la proximidad del cabello, como cuando os abrazáis, por ejemplo.

Mi padre seguía rascándose la cabeza compulsivamente.

—Necesitaréis una liendrera, un champú antipiojos, un gorro, un frasco de esencia del árbol de té...

La farmacéutica iba sumando el importe de los productos con una calculadora.

—Pero ¿todo esto es necesario? —preguntó mi padre, anonadado.

—¡Uf! Todas las precauciones son pocas a la hora de erradicarlos definitivamente. Fíjese en que yo tengo una clienta que le envuelve todas las semanas a su hija el pelo en mayonesa porque dice que eso los debilita. Pero mayonesa no vendemos... —añadió mientras soltaba una risita, como si el asunto tuviera gracia.

—¿Mayonesa en el pelo? ¿Es que no se le han quitado a la chiquilla los piojos con todos estos productos?

—Le habrá quedado alguna liendre. La niña tiene una melena rizada que es muy difícil de controlar.

Mi padre me agarró de la mano.

—Perdone, me acabo de acordar de que he olvidado apagar el gas —dijo tirando de mí.

Y salimos de allí como alma que lleva el diablo.

—¿Le has mentido a la señora de la farmacia? —quise saber.

—Sí. Está mal, lo sé, pero he decidido coger al toro por los cuernos.

—Eso ya lo habías dicho antes, de camino a la farmacia.

—Cambiamos de estrategia. Mejor será una solución radical. ¿O quieres que te esté envolviendo la cabeza con mayonesa cada dos por tres?

No sabía cuál era el plan de mi padre, aunque tener piojos empezaba a molar

porque paramos en una pizzería a comernos una *pizza* tres quesos gigante.

—Invitarte a *pizza* me ha costado una tercera parte de lo que valían los champús para piojos —dijo mi padre con la boca llena, muerto de risa.

Al llegar a casa, me mandó al cuarto de baño y enseguida apareció con su maquinilla de cortar el pelo.

—Muerto el perro, se acabó la rabia.

—¿Qué perro?

—Si te corto el pelo muy cortito, los piojos no tendrán donde agarrarse. ¿De acuerdo?

—¡Vale! —contesté.

Apenas me miré al espejo después de que mi padre me pasara el *cortapelos*. Me sentía muy fresquito, eso sí. Mi padre

metió las cuchillas del aparato en vinagre y nos pusimos a ver la tele. Al final, lo de la pediculosis no había resultado ser tan grave.

16
Las últimas palabras

Cuando mi madre llegó a casa lo primero que hizo fue dar un grito espantoso:

—¿Qué le has hecho al niño?

Me pasé la mano por la cabeza. Una pelusilla casi imperceptible me hacía cosquillas en la palma de la mano.

—Solucionar el problema, como me dijiste.

—¡Te dije que compraras un champú en la farmacia!

—¿Un champú? ¡Tú no sabes todo lo que esa mujer quería venderme! ¡Hasta un tarro de mayonesa!

—¡Se le ha quedado la cabeza como una bola de billar! —se burló mi hermano.

—¡Daniel, tú cállate! —ordenó mi madre.

Pero Daniel, en vez de callarse, me miró y soltó:

—Cuando vean en el colegio que te has rapado la cabeza, todos sabrán que tenías piojos.

—¡Que te calles, Daniel! —gritó mi padre.

La angustia se apoderó de mí. Me imaginaba yendo por los pasillos del cole y escuchar a todos diciendo: «Mira, por ahí va el piojoso».

No pude soportar aquella idea y me eché a llorar. Entonces, se armó la de San

Quintín. Es decir, un caos. Mi padre mandó a Daniel a su habitación, castigado. Mi madre se lamentaba sin parar. Mi padre le recriminaba que nunca aprobara las decisiones que tomaba con nosotros... En esto, llegó la tía Conchi. ¡La que faltaba! Lo último que me hacía falta era una de sus frases pesimistas. Sin embargo, me sentía tan mal con mis padres gritándose que, en cuanto la vi, corrí a abrazarla.

—Papá me ha cortado el pelo al cero porque tengo piojos y ahora todos se van a dar cuenta en el colegio.

—De eso nada —dijo ella, resuelta—. Dices que se te pegó un chicle en el pelo y te lo han tenido que cortar.

Nos quedamos todos de piedra con su capacidad de improvisación.

—¿Eso es una tarta? —pregunté, mirando una caja que traía en las manos.

—Exacto. Hoy es San Francisco. El santo de la abuela Paquita. ¿Quién se viene conmigo a la residencia?

Todos. Nos fuimos todos a la residencia, incluso Daniel, a quien levantaron el castigo solo por la abuela.

Lita Pasita nos recibió muy sonriente, aunque sin decir ni media palabra. Una enfermera nos había preparado una mesa en el jardín, aprovechando el buen tiempo que aún hacía. Le cantamos «Feliz en tu día» a grito pelado frente al estanque, en el que no había peces pero sí algún que otro nenúfar. Después nos comimos la tarta. Nosotros, porque ella no quiso probarla. Parecía feliz viéndonos disfrutar.

Lita Pasita me miró fijamente e hizo un gesto como queriendo acariciarme la cabeza. Mi padre le tomó la mano y la posó en mi mollera pelona. Entonces ella dijo:

—¡Qué feo estás!

Las risas no se hicieron esperar. A Daniel, entre las carcajadas y el merengue, le entró tal ataque de tos que casi se ahoga. Dos enfermeras se asomaron por la ventana, seguramente preguntándose por qué armábamos tanto jaleo.

Quizás no nos hubiéramos reído tanto si hubiéramos sabido que aquellas iban a ser las últimas palabras que le íbamos a oír pronunciar.

A partir de aquel día, Lita Pasita nunca más volvió a hablar.

17
Cambios de pigmentación

Los peces no tienen pelo, así que no pueden pillar piojos. Pero esa debe de ser la única ventaja que tienen, porque son animales muy delicados. Yo me esmeraba mucho en cuidar a Red, que vivía muy feliz en su pecera con su nuevo lunar blanco alrededor del ojo. Sabía que no podía limpiar la pecera con jabón porque, aunque la enjuagara bien, podía quedar siempre algún resto que le hiciera daño. También sabía que no podía comer otra cosa que no fuera la alimentación

especial que nos vendían en la tienda. El dependiente nos había contado que las carpas de río se alimentan de insectos, plantas acuáticas y diminutos crustáceos. Pero, a su vez, nos había advertido muy seriamente de que no le diéramos nada de eso a Red. Ni una mosca, ni un gusanito... Nada de nada. «La alimentación del *goldfish* es un 70 % herbívora y un 30 % de tipo animal. Si rompes ese equilibrio, te quedas sin pez», había dicho muy serio.

Cada domingo, sin falta, le cambiaba el agua a Red. Pero un fin de semana hubo una avería en una de las tuberías del barrio y cortaron el agua. Como soy de ideas fijas, no me hacía ninguna gracia dejar para el lunes la limpieza de la pecera. No sabía

qué hacer. Mi madre, muy concentrada, subrayaba unos apuntes. Asomé la cabeza por encima de su hombro y leí: «Salud capilar». Mejor dejarla, aquello parecía difícil. Con mi hermano, como siempre, no se podía contar. Mi padre, en su nueva faceta de amo de casa, planchaba frente al televisor mientras veía el fútbol.

Decidí ir a la cocina a buscar una posible solución. Al llegar, vi sobre la encimera una garrafa del agua que mi padre usaba para planchar. «Agua destilada», leí. «Químicamente pura». Si era pura, seguro que valía para Red. Sin pensármelo dos veces, vacié la pecera y le puse el agua.

Al día siguiente, antes de irme al colegio, noté que Red estaba muy raro. No nadaba. Únicamente se mantenía casi en la super-

ficie, con la cola hacia arriba y la cabeza inclinada hacia el fondo.

—Red está muy raro, papá.

Mi padre me contestó desde la cocina, terminando de prepararme los bocadillos para la excursión que teníamos aquel día al planetario:

—Esta tarde le cambias el agua de la pecera y se sentirá mejor.

—Ya se la cambié ayer.

—¿Cómo que ayer? Si el agua ha estado cortada hasta esta mañana.

—Le eché agua destilada. En la etiqueta pone que es pura —le expliqué.

—¿Tú también la has bebido? —preguntó nervioso, entrando al salón.

—No, yo no.

—¡Uf, menos mal!

Al llegar frente a la pecera y ver a Red, resopló.

—¿Crees que le pasa algo grave? —le pregunté.

—No... Estará medio dormido aún. Ya empieza a hacer frío y cuesta despertarse por las mañanas. Pero mejor no le vuelvas a echar esa agua a la pecera. ¡Y a ti ni se te ocurra bebértela!

Me pasé todo el día pensando en Red. La excursión se me hizo interminable. Estaba preocupado. En cuanto vi a mi padre en la puerta del colegio, corrí a preguntarle por mi pez.

—Ya se ha espabilado —dijo con una sonrisa—. Está fenomenal.

Efectivamente, al llegar a casa vi que el pez nadaba alegremente en el interior

de su palacio de cristal. Solo me quedé preocupado por una cosa: Red no parecía Red.

—Papá, Red no es *red*.

—¿Cómo?

—Que Red no es *red*. No es rojo. Fíjate bien. ¡Es naranja!

Mi hermano, que estaba merendando leche con cereales como si al día siguiente fuera a haber una catástrofe mundial que dejara al planeta sin alimentos, soltó una carcajada y casi se atraganta de la risa.

—Yo lo veo como siempre, campeón —dijo mi padre.

—¡Que no, que no! Míralo bien. Tiene sus dos manchas blancas de siempre, pero sus escamas están anaranjadas.

—¡Pues lo empiezas a llamar Orange y ya está, pesado! —interrumpió Daniel, tan borde como siempre.

—¡Cállate ya, Daniel! ¡Con lo mayor que eres y no ayudas en nada! —gritó mi padre intentando no perder los nervios—. Mira, Martín —prosiguió—, seguramente el agua que le pusiste en la pecera le ha provocado un cambio en la pigmentación… O se lo puede haber causado la nueva comida en escamas que le compramos. Antes le dabas granulitos, ¿te acuerdas?

Yo permanecía callado. Aquello era muy extraño.

—Daniel, ¿verdad que el cambio de alimentación puede provocar alteraciones en la pigmentación?

—*Ji, ji, clado* —afirmó en forma de gruñidos mi hermano sin dejar de zampar cereales.

Aquella explicación parecía convincente. A lo mejor Red volvía a recuperar su intenso color rojo. Lo volví a mirar. No me gustaba aquel tono apagado que tenía ahora. La verdad es que parecía otro pez. Sería mejor no pensar más en ello.

—¿Puedo comer chocolate? —pregunté.

Antes de que mi padre contestara, el bobo de Daniel dijo:

—Pero come solo un poquito, no vaya a ser que te altere la pigmentación de la piel y mañana, cuando te despiertes, esté de color marrón.

18
Dos noticias

Llegaron las vacaciones de Navidad y fuimos a visitar a Lita Pasita a la residencia. En la entrada habían puesto un árbol de Navidad y un portal de Belén. Todos los trabajadores iban con gorritos de Papá Noel y repartían dulces y chocolate caliente.

Lita Pasita cada vez estaba más ausente. En los últimos meses había cambiado mucho. Cuando la vimos aquel día, parecía estar en otro mundo, perdida. Solo cuando Daniel le hizo cosquillas mientras le col-

gaba alrededor del cuello una guirnalda y yo agarré su mano para tocar con ella una pandereta, esbozó una ligera sonrisa y sus ojos volvieron a brillar.

Parecía que la abuela hubiera cumplido muchos años, porque su piel se había arrugado mucho. Mi madre me explicó que era normal, porque la abuela no quería tomar agua.

Llegó la hora de la cena y Lita Pasita también se negó a comer. Cerraba la boca y se ponía rígida. Una enfermera, armada de paciencia, se sentó a su lado con una cuchara diminuta a darle el puré, poquito a poco. Nos dijo que la falta de apetito en enfermos de alzhéimer era muy frecuente, pero que no nos preocupáramos porque, si la abuela era cabezota, ella lo era más y

no se levantaría de la silla hasta que no se lo hubiera terminado todo.

El deterioro de la abuela no era el único problema familiar. En aquellos días, la mesa del comedor de nuestro piso se transformó en una montaña de papeles. Mis padres pasaron varias tardes haciendo cuentas con una calculadora. Estaban muy serios y preocupados. Más que mi hermano cuando tiene examen de Matemáticas al día siguiente y pretende estudiárselo todo la tarde anterior.

—¿Cómo puede ser? —se lamentaba mi madre—. ¡Lo habíamos calculado todo muy bien!

—Siempre hay imprevistos...

Mis padres no nos decían nada a Daniel ni a mí, pero lo que pasaba era evidente.

Como decía la tía Conchi: el dinero no es un chicle y no se puede estirar. Y en casa, desde que mi padre había dejado de trabajar, el dinero no alcanzaba para todo.

El día de Año Nuevo mis padres nos dieron dos noticias. La primera fue:

—En dos semanas nos mudaremos al nuevo dúplex.

Mi hermano y yo empezamos a dar saltos de alegría, pero quedaba la segunda:

—Y Lita Pasita se vendrá a vivir con nosotros.

Dejamos de saltar.

—¿Por qué? —pregunté.

—La residencia en la que está cuesta mucho dinero cada mes y ahora mismo no nos lo podemos permitir —explicó mi madre.

—¡Pero allí hay gente que sabe cuidarla muy bien! —repuse.

—Las terapias están genial, pero Lita Pasita ya no juega a la Wii, ni cuida a los perritos, ni hace puzles... Lo único que parece hacerla feliz es veros a vosotros, sus nietos —dijo mi padre con la voz entrecortada.

—¿Y dónde va a dormir? ¡Yo paso de compartir la habitación con el enano! —intervino Daniel.

—Lita Pasita no puede estar en una habitación —aclaró mi madre—. Están en la planta de arriba y no podemos subir la silla de ruedas por las escaleras.

—Vamos a habilitar el garaje especialmente para ella. Por la rampa puede entrar y salir, y la cochera está perfectamente comunicada con el salón.

El corazón empezó a latirme muy deprisa. Solo me salió un hilillo de voz:

—¿Y qué pasa con mi perro?

—Por ahora no puede ser, hijo —contestó mi madre.

—¡Pues que Lita Pasita se vaya a vivir con la tía Conchi!

—Martín, sabes que la tía Conchi pasa mucho tiempo en Benidorm. Ella ya ha cuidado muchos años de la abuela.

—¡Me lo prometisteis! —chillé furioso—. ¡Sois unos mentirosos!

Un calor húmedo inundó mis ojos y la rabia se transformó en tristeza, aunque, justo antes de echarme a llorar, rompió a llorar mi padre. Inmediatamente, me arrepentí de haberle gritado.

19
El parque

La nueva casa estaba en la otra punta de la ciudad. Por eso, después del verano, Daniel y yo empezaríamos a estudiar en un instituto y un colegio nuevos. Resultaba difícil tener que separarnos de nuestros amigos de toda la vida.

Mi padre se pasaba el día atendiendo a Lita Pasita y haciendo las tareas de la casa. La verdad es que se organizaba fenomenal. Había comprado un aparato de los que se les pone a los bebés cerca de la cuna para controlar si se despiertan o lloran. De este modo, cuando estaba co-

cinando o limpiando, a través de la pantalla podía ver a la abuela y escuchar si se quejaba. Siempre llevaba puesto un delantal muy chulo que le había comprado mi madre por Internet. Era negro, con el escudo de su equipo de fútbol estampado en el centro con colores brillantes. ¡Molaba mucho mi padre!

Mi madre estaba contentísima. Se pasaba el día hablándonos de todo lo que estaba aprendiendo en la academia. Además, en muy poco tiempo había conseguido tener muchísimas clientas en el barrio. Incluso tenía lista de espera para la manicura.

Lita Pasita, aunque no hablaba y apenas se movía, también parecía contenta. Además, estaba acompañada por Red.

La idea de trasladar la pecera a la habitación de la abuela se me ocurrió la tarde que le llevé a Red para enseñárselo. Ella achinó los ojos y emitió un sonido extraño, como un balido suave, que es lo que hacía cuando algo le gustaba mucho.

—Red le ha gustado, porque ha hecho la ovejita —observó mi padre.

Así que decidí colocar la pecera en un mueble que había frente a la cama de la abuela, para que disfrutara observando cómo nadaba Red. Era muy relajante.

El que no había cambiado en lo más mínimo era Daniel. Seguía con sus auriculares puestos la mayor parte del tiempo. Bueno, ya no nos peleábamos tanto como antes porque cada uno tenía su propia habitación. Para ser sinceros, a veces casi

extrañaba aquellas discusiones, porque me aburría un montón. Echaba de menos a Agustín y echaba de menos a los amigos del barrio. Así que una tarde decidí que ya era hora de hacer nuevos amigos y le dije a mi madre que me iba un rato al parque con el balón.

—Está bien, pero vuelve antes de que oscurezca, ¿eh?

No lo supe entonces, pero aquella decisión iba a traer importantes cambios para toda la familia.

20
Rita

Parafraseando a la tía Conchi, hay personas que nacen con estrella y otras que nacen estrelladas. Pues bien, yo debía de pertenecer al segundo grupo. Resulta que la primera tarde que fui al parque no había ni un alma.

Quizás era demasiado temprano. Empecé a dar toques al balón, estaba superaburrido, esperando que apareciese alguien. Entonces, la vi llegar. Debía de tener la edad de mi hermano. Un mechón de pelo azul resaltaba sobre su espesa melena oscura.

Llevaba dos *piercings*. Uno en la nariz, en forma de aro, y otro en el ombligo. Este último se lo vi porque se había anudado la camiseta por debajo del pecho. Sus pantalones vaqueros tenían más agujeros que un queso gruyer y en los pies lucía unas botas negras de estilo militar muy similares a las que le gustaba ponerse a Daniel. Pero lo que verdaderamente me llamó la atención fue que llevara a siete perros a la vez, sujetos con sus respectivas correas. Todos caminaban atentos a la chica y ninguna de las cuerdas estaba tensa. ¿Cómo lograba hacerlo?

Ella se aproximó relajadamente, canturreando.

—¡Hola! —dijo sentándose en uno de los bancos.

—¡Guau! ¿Cómo eres capaz de llevarlos a todos así de bien? —pregunté, alucinado.

Se echó a reír.

—Es cuestión de práctica. Me llamo Rita, ¿y tú?

—Martín... ¿Puedo acariciarlos?

—Claro, menos al pequeñajo ese, que tiene muy malas pulgas. Según tenga el día, te puede gruñir.

Me acerqué a saludar a los perros. El más juguetón era un *pitbull* de color gris.

—¿Son todos tuyos?

Rita volvió a reírse, divertida.

—Ninguno es mío. Soy paseadora de perros. El dinero que gano lo empleo en rescatar a perros abandonados. Colaboro con un refugio.

—¡Qué guay!

—Mira, estos de aquí son de algunos vecinos del barrio que no tienen tiempo suficiente para pasear a sus peludos. Y estos dos los tengo en acogida. Cuando les salga un adoptante, elegiré a otros de la protectora para que no tengan que estar en un refugio. Y así sucesivamente. Por desgracia, mis padres solo me dejan tener a dos en casa.

—¡Pues qué bien, ya te dejan más que a mí! —exclamé.

Le conté a Rita mi deseo de tener un perro y la situación que teníamos en casa con Lita Pasita.

—Algún día podrás tenerlo, Martín, ya verás —dijo ella—. Solo te aconsejo que no lo compres, sino que adoptes. Hay perros increíbles esperando tener una familia.

Me quedé pensativo. Nunca había reflexionado sobre aquello.

—Mientras tanto, si quieres jugar con los perros, ya sabes dónde estoy cada tarde. ¡Y como ves, tienes donde escoger!

21
El refugio

Aquella noche, durante la cena, no podía dejar de hablar atropelladamente sobre Rita, los perros y todo lo que me había contado sobre el refugio de animales con el que colaboraba.

—Cada sábado por la mañana van voluntarios a pasear a los perros. Durante la semana solo salen un rato al patio del refugio. El resto del tiempo lo pasan encerrados.

—¡Qué pena, por Dios! —Suspiró mi madre.

—Cómo me alegro de que hayas hecho una amiga, campeón —dijo mi padre.

—Sí, una friki con el pelo azul igual de loca que él —se burló Daniel.

—¡Daniel, no empecemos! ¡Deja a tu hermano!

—Por lo menos yo tengo una amiga, no como tú, que no sales de tu cuarto —le espeté.

—Si mamá o la tía Conchi se quedan con Lita Pasita, podríamos ir un sábado a la protectora a pasear a los perros, ¿qué me dices? —propuso mi padre.

¿Qué le iba a decir? ¡Que sí! ¡Por supuesto que sí!

Dicho y hecho. El sábado siguiente mi padre y yo nos fuimos al refugio. Fue genial. No sabría decir quién de los dos dis-

frutó más aquella mañana, si mi padre o yo. A él le asignaron a Dango, un enorme mastín muy tranquilo. A mí me entregaron a Rodolfo, un perro de tamaño mediano muy flaco, con grandes calvas de pelo y al que le faltaba un ojo.

—Lo hemos llamado así por la canción del reno Rodolfo —explicó Rita—. ¿Veis la nariz que tiene? Es superpeculiar, de un tono rosado muy intenso, ¿verdad?

—¿Y cómo perdió el ojo? —quiso saber mi padre.

—No lo sabemos. Creemos que ha sido maltratado. Está desnutrido. Y ha perdido mucho pelo, seguramente debido a las pulgas que traía cuando lo encontramos, al estrés y las carencias en la alimentación. Por lo demás, está sano. Le hemos hecho

una analítica muy completa y ha dado negativo en todas las enfermedades.

—Tiene miedo de las personas —dije observando cómo temblaba Rodolfo.

—Sí, mucho. Y no se le va a quitar en bastante tiempo. Se nota que ha sufrido. Por eso te lo he asignado —dijo Rita—, porque sé que le vas a infundir mucha confianza.

—¿Cómo puedes saberlo? ¿Eres bruja o qué?

Rita se echó a reír.

—Con los perros desarrollas una especie de intuición. Y lo más importante: tengo mucha experiencia. ¡Venga, vámonos!

Mi padre, que había dicho que solo estaríamos un rato, se olvidó del reloj. Estuvimos caminando por el monte con los

perros junto a los encargados del refugio y los demás voluntarios. Soltamos a Dango y jugamos con él a la pelota. Rita me dijo que a Rodolfo no se le podía soltar porque tenía muchísimo miedo y podría escaparse. A la pelota le tenía pánico y, cuando alzábamos la mano para acariciarlo, agachaba la cabeza, temblando, seguramente creyendo que le íbamos a pegar. Era tristísimo ver así a aquel pobre animal.

Al volver al refugio nos dio un poco de pena tener que dejar de nuevo a los perros encerrados.

—No disponemos de suficientes voluntarios —se lamentó Rita—. Nos harían falta personas para limpiar los boxes, hacer visitas a los posibles adoptantes, dar la medicación a los perros enfermos...

—¿Y también para bañarlos y cortarles el pelo? —preguntó mi padre.

—También, por supuesto.

Entonces, sucedió lo inesperado.

—Yo me ofrezco voluntario —dijo mi padre—, pero únicamente puedo venir los sábados.

—¿Tienes experiencia? —preguntó Rita.

—Solo cortándoles el pelo a mis dos bichos: Martín y Daniel. Pero aprendo muy rápido.

—A veces traen pulgas y garrapatas —le advirtió Rita.

—A este lo pelé al cero porque llegó del colegio llenito de piojos. Eso no es un problema.

Casi me muero de la vergüenza, pero Rita se echó a reír con aquella risa suya tan contagiosa y acabamos los tres a carcajada limpia.

—¡Adjudicado el servicio de peluquería canina! —dijo Rita guiñándonos un ojo.

22
Tutoriales

Llegamos a casa hambrientos y felices. Mi padre, entusiasmado, les enseñó a mi madre y a Daniel las fotos que les había hecho a Dango y a Rodolfo con el teléfono móvil.

—¡Qué pringado! —se burló mi hermano—. Te han endosado al bicho más feo del refugio.

—Rita me dijo que yo era la persona más adecuada para estar con él —contesté.

—¿Quién? ¿La friki? ¿Y huele a vaca como tú?

—¡¡¡Mamá!!! —chillé enfadado—. ¡Daniel dice que huelo a vaca!

—¡Daniel, no chinches a tu hermano!

—Podrías venirte tú también el sábado que viene —le propuso mi padre a Daniel.

—¿A cuidar chuchos pulgosos? ¡Qué dices! —bufó, colocándose los auriculares sobre las orejas.

A partir de aquel día, mi padre se dedicó a ver tutoriales en Internet sobre cómo cortar el pelo a los perros. Incluso tenía una libreta en la que iba tomando notas. Se le veía entusiasmado con la labor que le habían encomendado.

Aprendimos muchas cosas. Para empezar, el aseo de un perro no siempre consiste en bañarlo. En realidad, no es aconsejable lavar a los perros con dema-

siada frecuencia porque se le puede dañar el pH: una especie de grasita que recubre su piel y los protege.

La máquina cortapelo que tenían en el refugio constaba de siete cuchillas. Mi padre consultó varias páginas y foros, y anotó cuál de ellas era la adecuada para cada tipo de pelo. La del número uno, para el pelo largo, liso y fino. La del número cuatro, para el pelo rizado, como el de los caniches.

Por otra parte, nos enteramos de que hay muchas razas de perros a los que no se les debe cortar el pelo jamás, como los samoyedos, por ejemplo. En ese caso únicamente hay que cepillarlos con mucha frecuencia. Dependiendo del perro y del tipo de pelo se pueden utilizar pei-

nes, cepillos, cardas, rastrillos, deslanadores o manoplas. ¡Madre mía, cuántas cosas!

A los perros que tienen arrugas, como los *shar pei,* hay que frotarles bien los pliegues de la piel con una toalla para evitar que les salgan hongos. ¡Pero la cosa no acaba ahí! ¡No todo era el pelo! También encontramos información sobre el cuidado de los ojos y los oídos, sobre cómo cortarles las uñas...

Una vez superada la parte teórica, mi padre se atrevió con la parte práctica. El elegido por Rita fue Ricky, un mestizo de *fox terrier* recién rescatado que estaba bastante sucio y lleno de nudos.

—Es muy bueno, no te va a morder —informó Rita.

—Me quedo más tranquilo —dijo mi padre, que ya sudaba la gota gorda.

Dejamos al nuevo peluquero canino del refugio trabajando y nos fuimos a sacar a los perros al monte. Cuando llegamos al box donde estaba Rodolfo, ni siquiera se movió. Sin embargo, cuando alzó la cabeza y me vio, comenzó a mover la cola.

—¡Qué perro más listo! ¡Te ha reconocido enseguida! ¡Y eso que tiene un solo ojo! —bromeó Rita.

—¡Rodolfo, ven! —lo llamé—. ¡Vámonos de paseo!

Rodolfo dudó unos instantes, entonces le mostré la correa y enseguida caminó hacia la puerta. Había ganado peso y parecía menos receloso.

De regreso al refugio, nos encontramos a Ricky irreconocible. Estaba muy limpio. Su pelo, sin nudos ni rastas, parecía una nube blanca moteada, como la espuma de los capuchinos espolvoreados con canela que le gusta tomar a mi madre. Mi padre, sin embargo, estaba hecho un adefesio. Gran parte del pelo que había soltado Ricky se había pegado en su ropa y, además, tenía parte del pantalón y la camiseta mojados.

—¡Guau! —exclamó Rita—. ¡Ricky ha quedado fenomenal!

—¿Sí? ¿De verdad lo crees? Si te fijas bien, tiene algún trasquilón.

—Está genial, no te miento. Muchísimas gracias.

—¿Tú qué opinas, Martín?

Yo lo miré de arriba abajo y solté:

—Que mamá se va a enfadar muchísimo si entras así en casa.

23
Mucho rollo

Efectivamente, mi madre puso el grito en el cielo cuando vio llegar a mi padre. Inmediatamente lo hizo descalzarse, pero a medida que caminaba iba dejando a su paso un cerco de agua, sudor y suciedad. Ella lo seguía con la fregona, quejándose:

—¡A este paso nos cargamos la tarima flotante en dos días!

Mi padre aprendió la lección y empezó a llevar cada sábado al refugio una muda de ropa y otro par de zapatos. También se

compró un delantal de plástico con la imagen de un perrito muy gracioso.

Poco a poco fui haciendo nuevos amigos en el parque, aunque lo que más me gustaba era ayudar a Rita con los perros. Una tarde, me lo estaba pasando tan bien jugando a la pelota con el *pitbull* y el pastor alemán que no me di cuenta de que había empezado a anochecer.

De repente, levanté la mirada y me encontré a Daniel, que me hablaba sin quitarse los auriculares y con cara de fastidio.

—Mamá me ha enviado a comprobar que no te han raptado —gruñó.

Rita apareció de entre los arbustos rodeada por su manada de canes.

—¡Hola! Soy Rita —lo saludó con su enorme y contagiosa sonrisa.

Daniel se quitó rápidamente los auriculares. De ellos emergieron los mismos sonidos de guitarras eléctricas de siempre.

—Yo soy Daniel —dijo mi hermano estampándole a Rita dos besos en las mejillas.

—¿A ver? ¿Me dejas escuchar? —preguntó ella colocándose los auriculares—. ¡Cómo mola! ¡Tu música tiene mucho rollo!

—He venido a buscar a Martín. Le tengo que ayudar a terminar un trabajo de Ciencias que tiene que entregar mañana. ¿A que sí, hermanito?

El que tenía mucho rollo era mi hermano, no su música. Ahora resulta que me iba a ayudar con el trabajo de Ciencias, después de que me había dicho al mediodía que me apañara yo solo.

—¿Vendrás algún sábado a pasear a los perros? —le preguntó Rita.

—¡Claro! —contestó él con una sonrisa bobalicona—. Es que estaba liado con exámenes. ¡Pero me encantan los perros!

—Las serpientes más —intervine yo.

Rita dejó escapar su risa cantarina. Probablemente, creería que yo estaba bromeando.

—Bueno, pues hasta pronto.

—Eso, eso..., hasta pronto. ¡Vamos, campeón!

¿Campeón? ¿Daniel me llamaba hermanito y campeón? ¿Ya no era el pesado ni el enano de la casa?

—Se te nota mucho —le dije nada más alejarnos.

—¿El qué?

—Que te gusta.

—¿Qué dices? ¿Quién?

—¿Quién va a ser? La friki...

24
Un día perfecto

Cuidar a Lita Pasita no era sencillo. Ella se había vuelto como un bebé. Había que ponerle pañales, lavarla, pasarla de la silla de ruedas a la cama... Pero la abuela pesaba demasiado para poder hacerlo. Por eso mis padres y la tía Conchi habían comprado una grúa para enfermos. La abuela también tenía un colchón especial para evitar que le salieran heridas en la piel por estar todo el día acostada. Todos los martes venía a verla Luis, un fisioterapeuta muy simpático. «¡Venga, Paquita, a trabajar!», decía Luis. Pero el único que

trabajaba era él, porque la abuela ya no se movía por sí misma.

Lo que más le gustaba a Lita Pasita era mirar a Red. Bueno, y las payasadas que le hacía Daniel cuando estaba de buen humor. También le encantaba salir al jardín a tomar el sol. Cuando mi padre la llevaba con su silla, achinaba los ojillos y suspiraba.

La misma noche del encuentro entre Daniel y Rita en el parque, mi hermano anunció en la cena que se apuntaba a ir al refugio el sábado siguiente para pasear a los perros. Me eché a reír.

—¡Anda, qué sorpresa! —exclamó mi madre.

—¡Cuánto me alegro de que te animes a salir de tu cueva, muchachote! —le dijo mi padre—. Allí hace falta mucha ayuda.

—¡Si es que tengo un hijo más bueno que el pan! —añadió mi madre dándole un pellizquito en el moflete.

—¿Se puede saber por qué te ríes tanto, Martín? —preguntó mi padre.

Mi hermano me fulminó con la mirada.

—Estoy pensando que podíamos ir todos y llevar a Lita Pasita —propuse—. Antes de subir al monte, al lado del refugio, hay un merendero con mesas y bancos de madera. A la abuela le encantaría estar allí.

—Eso es una locura, hijo —empezó a decir mi madre—. No podemos subir la silla de ruedas al coche.

—La verdad es que no es tan descabellado —intervino mi padre, animándose—. Podríamos llevarla en un taxi especial.

—Se lo podemos decir también a la tía

Conchi y a Paco, que van a estar aquí el fin de semana —dijo Daniel.

Dicho y hecho. Aquel sábado, la familia al completo salió rumbo al refugio para perros abandonados. Íbamos equipados como si fuéramos a acampar una semana en el merendero. Solo las cosas de Lita Pasita ocupaban una bolsa bien grande. Además, llevábamos una nevera de la playa con refrescos, filetes empanados y una tortilla de patatas.

Antes de salir, pillé a mi hermano en el cuarto de baño echándose la colonia de mi padre.

—¿Perfumándote para tu novia? —me burlé.

—Es para no oler después a vaca como tú, enano.

Al llegar al refugio nos encontramos a Rita con sus padres, que también habían ido aquel día a colaborar. El padre de Rita llevaba a Rodolfo atado. Cuando Rodolfo me vio, dio un tirón de la correa y vino corriendo hacia mí.

—¡Eh, amigo, qué bien te veo! —dije mientras él me daba lametones sin parar—. Mira, Lita Pasita, este es Rodolfo, ¿te gusta?

El perro puso las patas sobre las piernas de la abuela y a ella debió de agradarle, porque hizo el sonido de la ovejita.

—¿Puedo llevar yo a Rodolfo, Rita?

—¡Claro! Mi padre paseará a otro perro.

Mi madre se quedó con Lita Pasita en el merendero y mi padre se fue a bañar a dos perros. La tía Conchi, Paco, Daniel y yo nos

unimos al resto de voluntarios y subimos al monte, cada uno con un perro. Me atreví a soltar a Rodolfo, con la autorización de Rita. Fue genial comprobar que confiaba mucho más en nosotros y ya no era tan asustadizo.

Al regresar, invitamos a Rita y a sus padres a tomar algo en el merendero. Mi hermano no dejaba de sonreír como un bobo.

—Me encantan tus uñas —le dijo la madre de Rita a la mía—. Las llevas preciosas.

—Es que soy esteticista —aclaró mi madre.

—¡Y peluquera! —presumió mi padre.

—Pues deberías poner un salón de belleza. Es el momento ideal, apenas hay por la zona.

—Creo que deberíamos irnos ya —interrumpió la tía Conchi—. Hace mucho calor y la abuela parece cansada.

—Es verdad, ¡cómo pega el sol! —dijo el padre de Rita—. La semana que viene abren la piscina.

—¿Tenéis piscina en vuestra urbanización? ¡Qué morro! —exclamé.

Todos se echaron a reír.

—Daniel y tú podéis venir cuando queráis —dijo la madre de Rita.

Al despedirnos, oí que Rita le preguntaba a Daniel si iría a darse un baño. «Es que tengo mucho que estudiar», contestó inexplicablemente el memo de mi hermano.

De no ser porque Daniel acababa de arruinar nuestro plan de piscina, hubiera sido un día perfecto.

25
Bicarbonato y vinagre

—¡Eres tonto de remate! —le dije a Daniel al llegar a casa—. Los padres de Rita nos invitan a su piscina, ¿y tú vas y le dices que tienes que estudiar?

—Déjame, no entiendes nada...

—¡No tienes ni idea de ligar!

—¿Y tú sí?

—¿No has visto la cara que ha puesto cuando le has dicho que pasas de ir?

—A ti lo único que te fastidia es haberte quedado sin piscina. ¡Pues vete tú solo!

—También me importa Rita. Me cae bien y tú la has dejado planchada con esa excusa.

—¡Que no puedo ir! —exclamó Daniel apresurando el paso hacia su habitación—. ¿No lo entiendes?

—¡Pues no! A ver, ¿por qué no puedes ir?

—¡¡¡Porque si me quito las zapatillas se desmayan todos del pestazo a pies!!! —chilló mi hermano antes de darme con la puerta en las narices.

Aquella tarde, la tía Conchi me propuso salir a merendar y luego al cine, a ver una peli de superhéroes. Me puse a dar saltos de alegría. Aunque nos riñera mucho, mi tía era genial.

Fuimos al centro, a un sitio de tortitas y gofres. Me pedí un batido de helado y

una crep con chocolate y nata montada.

—¿Podemos también pedir palomitas en el cine? —pregunté con la boca llena.

—Podemos, pero vas a reventar.

De camino al cine, mi tía se detuvo en una farmacia a comprar una pomada para Lita Pasita. Cuando entré, me topé de frente con el piojo sonriente de cartulina. Mientras a mi tía la atendía un dependiente, busqué a la farmacéutica experta en pediculosis. Allí estaba, con su bata blanca, colocando unos medicamentos en una estantería.

—¡Hola! —saludé.

—Hola, me suena mucho tu cara... —dijo ella frunciendo el ceño—. ¡Ah, ya me acuerdo de ti! Me alegro de verte. ¿Todo bien?

—Perfectamente. Elegimos la solución radical —expliqué gesticulando como si

me pasara el *cortapelos* por la cabeza, haciendo el mismo soniquete que el aparato.

Ella se echó a reír.

—Entiendo... ¿Y qué puedo hacer por ti?

La tía Conchi se aproximó a nosotros.

—Verá, a mi hermano le huelen los pies a roquefort. Ha probado muchos desodorantes, pero ninguno le elimina el pestazo.

—Ajá... Os voy a dar un remedio infalible.

—¿Mayonesa?

La farmacéutica soltó una carcajada.

—No, esta vez no. Tiene que sumergir los pies cada noche durante diez minutos en un barreño con agua tibia, dos cucharadas de bicarbonato de sodio y cinco cucharadas de vinagre de manzana —dijo ella anotando todo en un trozo de papel—.

Es muy importante que luego se seque bien los pies y se ponga esta crema desodorante.

La tía Conchi pagó la crema y nos marchamos al cine.

Asombrosamente, al llegar a casa, Daniel escuchó toda la explicación de lo que había que echar en el barreño e incluso dijo: «Vale, gracias» cuando le dimos la crema desodorante.

Al día siguiente, me levanté con un pie de Daniel en mitad de mi cara.

—¡Que me vas a ahogar, idiota! —grité, dándole un manotazo.

—¿No ves lo bien que huele? —dijo él, tumbado sobre mi cama.

Agarré el pie de mi hermano y me lo llevé de nuevo a mi nariz. La peste a queso

podrido había desaparecido y su planta del pie desprendía un olorcillo mentolado, probablemente de la crema desodorante. Daniel se llevó el pie hacia su cara, cual contorsionista, y empezó a darle besos.

—¡Estás muy loco! —le dije.

Luego se lanzó hacia mí y empezó también a darme besos.

—Gracias, hermanito. ¡Eres el mejor!

Pronto llegarían las vacaciones de verano, mi hermano parecía quererme y el domingo iríamos a la piscina de la urbanización de Rita. La vida molaba mucho.

26
Para siempre

El viernes previo al plan de piscina, al salir del cole, me fui a casa de Agustín a comer. Hacía mucho tiempo que no veía a Cora y la madre de Agustín había hecho espaguetis a la carbonara. Así que hubiera sido un día muy chulo de no ser porque el verdadero motivo por el que me había ido a casa de Agustín era que Lita Pasita se había puesto muy enferma y se la habían llevado al hospital. Agustín y su familia intentaron distraerme toda la tarde, pero las horas se me hicieron eternas. Al llegar la

noche, nadie había venido a recogerme. Agustín me prestó un pijama y me quedé a dormir en su casa. El sábado nos fuimos a pasar el día a la sierra con sus padres. Lo que más me mosqueaba era que los míos no habían hablado conmigo por teléfono. La noche del sábado también la pasé con mis antiguos vecinos.

El domingo, el padre de Agustín me llevó de vuelta a casa. Mis padres se asomaron a la puerta a recibirnos. Bajé con una fiambrera gigante de carne en salsa que la madre de Agustín se había empeñado en cocinar para mi familia. En cuanto me acerqué a mi madre, se la di y eché a correr hacia la habitación de Lita Pasita. Ni mis padres ni el padre de Agustín pudieron detenerme.

Al llegar, vi que estaba completamente vacía. Ni rastro de la cama articulada, ni de la grúa eléctrica, ni de la silla de ruedas. Pero, sobre todo, quien faltaba era mi abuela. Escuché cómo arrancaba el coche del padre de Agustín. Entraron mis padres, muy serios.

—¿Dónde está Lita Pasita? —les pregunté con el corazón a todo latir.

—Martín, verás...

Mi madre no pudo seguir hablando porque sus labios temblaban y no le salía la voz. Intuí que en su garganta se había formado el mismo nudo que tuve yo aquella vez en Benidorm. Miré a mi padre, que lloraba en silencio.

—Ha muerto, ¿verdad? Ha muerto, como Red.

—¿Como Red? Pero si Red está en su pecera.

—¡Ese no es Red! —grité.

Yo siempre había sospechado que Red había muerto y mis padres lo habían cambiado por un pez similar, incapaces de darme la noticia. Y lo mismo con el segundo pez. En aquel instante, lo tuve claro. Allí estaban mis padres, de pie, con los ojos llenos de lágrimas y sin saber cómo decirme que no volvería a ver a Lita Pasita nunca más.

Me acerqué a mi padre y lo abracé muy fuerte.

—¿Lloras por la abuela?

—Sí... —asintió—. Y porque tengo un hijo muy inteligente y yo he sido muy cobarde para hablar con él de muchas cosas —dijo.

Mi madre se acercó y los tres nos abrazamos. En ese momento me acordé de mi deseo de tener un perro y, de golpe, mis ojos se inundaron de lágrimas.

—Ya no quiero un perro... ¡No lo quiero! —sollocé—. Lo único que quiero es que vuelva la abuela.

—Lo sé, hijo. Lo sé... —dijo mi padre.

Pero Lita Pasita se había marchado para siempre.

27
Rojo

Desde que una tarde en la piscina de su urbanización Rita me dijera que un *goldfish* necesita como mínimo un acuario de cuarenta litros para vivir, sentía una pena terrible cada vez que contemplaba a Red (o Red III, en realidad) dando vueltas en su pequeña cárcel de cristal. Ya no lo veía como el rey de la casa. Era un prisionero al que yo debía liberar.

El paso de los meses había logrado que mis padres, Daniel y yo no estuviéramos tan tristes por la muerte de Lita Pasita.

A menudo nos juntábamos los cuatro en el sofá a ver fotos de la abuela y recordar anécdotas. Mi fotografía preferida era una que nos habíamos hecho en el merendero del monte el día que fuimos todos juntos al refugio para perros.

La vida de toda la familia había cambiado mucho desde que la abuela ya no estaba. Mi madre había abierto un pequeño salón de peluquería y estética en el garaje de casa y tenía tantas clientas que no daba abasto para atenderlas a todas. Mi padre había instalado en el jardín una enorme caseta de madera en la que había montado una peluquería canina. Los vecinos del barrio solían venir con sus perros y, mientras se depilaban, se hacían las mechas o una limpieza de cutis, mi padre

bañaba y cortaba el pelo a sus mascotas al mismo tiempo. Luego se marchaban los dos, humano y perro, la mar de guapos y de contentos. Era el único centro de belleza de la ciudad que atendía a personas y mascotas a la vez, y estaba teniendo un éxito increíble.

La tía Conchi había anunciado que Paco y ella estaban organizando su boda. A mí me parecía un poco mayor para casarse, la verdad, pero ella estaba tan ilusionada que todos nos sentíamos felices.

A Daniel mis padres lo pillaron besándose con Rita detrás de la caseta prefabricada del jardín y, desde ese momento, no cesaban en su intento de mantener con él una conversación sobre «cosas de mayores» que no querían que yo escuchara. Pero, en

realidad, quien no quería escucharlos era mi hermano. Se enfadaba, se ponía los auriculares con la música a todo volumen y decía que, desde que Lita Pasita ya no estaba, mis padres se habían vuelto muy pesados con tener que hablar de todo.

En parte, mi hermano llevaba razón. Mis padres habían cambiado mucho. Ya no decían que no pasaba nada cuando sí que pasaba. Además, mi padre reconocía que se podía llorar sin tener que esperar a que se te salieran las tripas. Un alivio, porque me pillé el dedo meñique con la puerta de la cocina y no podía parar de llorar. Parece mentira que un dedo tan diminuto pueda doler tanto.

Una tarde, mis padres, Daniel, Rita, la tía Conchi y Paco me organizaron una fies-

ta sorpresa en casa. Al entrar en el salón, había globos, una tarta, bocadillitos, bebidas y muchas cosas más para merendar. También había varios paquetes envueltos en papel de regalo.

—¡Si no es mi cumpleaños! —aclaré.

—¡Ábrelos, ábrelos! —exclamó Rita, más ilusionada que yo.

Abrí el primero y me encontré con una mullida cama para perros. Rápidamente abrí otro y resultó ser una correa extensible. Rasgué el papel de un tercero y apareció un comedero de acero inoxidable...

—¿Qué significa todo esto? —pregunté, sorprendido y confuso.

—Pues que ya es hora de que tengas un perro, Martín —dijo mi padre.

—¿Y dónde va a dormir?

—En casa, ya me he resignado. —Suspiró mi madre.

—¿Y la tarima flotante? —recordé.

Todos se echaron a reír.

Aquella misma tarde fuimos al refugio. Yo lo tenía claro. No podía ser otro. Iba a adoptar a Rodolfo.

—Piénsalo bien —dijo la tía Conchi—. La verdad, cariño, es muy feo.

—¡Yo soy feo y tú me quieres! —repuso Paco.

Rodolfo no era feo. Y menos desde que le estaba creciendo el pelo, marrón y brillante. Era el perro ideal: listo, obediente, juguetón y cada vez más alegre. Lo único que no me gustaba de él era su nombre. Demasiado largo.

—¿Y qué nombre quieres que le pongamos en la cartilla? —preguntó Rita.

—Rojo. Lo llamaré Rojo.

—¡Tú estás zumbado! —soltó Daniel—. ¿Acaso has visto alguna vez a un perro rojo?

Rita lo miró desaprobando su actitud.

—Es un nombre precioso. Y además muy original.

—Rojo, el de un solo ojo —bromeó Paco—. ¡Me gusta, Martín!

Y así fue como Rojo llegó a nuestra familia.

28
Tres peces rojos

Una noche soñé con Lita Pasita. Lucía un vestido azul y una gran sonrisa. Estaba de pie, al lado del estanque de la residencia. Miraba algo en el agua con mucha atención, sonreía y dirigía sus ojos hacia mí. En ese momento me desperté y corrí a la habitación de mis padres.

—¡Ya lo tengo! ¡Ya lo tengo!

—Martín, ¿qué pasa? —preguntó somnolienta mi madre.

—¡Son las siete y cuarto de la mañana, hijo! —protestó mi padre.

—Tenemos que ir a la residencia de mayores a llevar una cosa muy importante.

—Martín, es sábado. Vuelve a la cama, anda.

Pero yo estaba demasiado excitado como para volverme a dormir. ¡Había encontrado la solución perfecta!

Mientras mis padres se levantaban y preparaban café, desvelados, fui a despertar a mi hermano. Él me tiró una zapatilla, y después otra. Afortunadamente pude esquivarlas. Además, solo desprendieron un olorcillo mentolado a su paso.

Una vez que estuvimos todos reunidos en la cocina frente a un buen desayuno, les conté mi plan:

—Quiero llevar peces al estanque de la residencia. También liberaré a Red. A los abuelitos que viven allí les gustará verlos

cuando salgan al jardín. ¡A Lita Pasita le gustaba mucho ver a Red!

—¡Serás memo! ¡Hasta las diez no abre la tienda de animales! ¿Para eso nos haces madrugar? —gritó Daniel.

A las diez menos cinco, mis padres, Daniel, Rojo y yo, que sostenía la pecera de Red entre las manos, estábamos plantados en la puerta de la tienda de mascotas. Vimos llegar al dependiente de la sección de peces con cara de sueño.

—¡Vaya, qué madrugadores! ¿Por fin tienes perro? —me preguntó agachándose a acariciar a Rojo—. ¿Cómo se llama? ¿Pirata?

—No. ¿Por qué se iba a llamar Pirata?

—Porque como solo tiene un... En fin, no importa.

—Se llama Rojo.

—Tu pez se llama Red y tu perro, Rojo. ¡Como tengas más mascotas vas a tener que aprender idiomas!

El chico abrió la persiana metálica de la tienda y pasamos al interior. Le conté que íbamos a llevar a Red a vivir a un estanque y que queríamos comprar más peces.

—Me parece una idea estupenda. Pero no hace falta que te lleves muchos. Estos peces enseguida se reproducen si están en el medio adecuado. Por favor, déjame verlo un momento.

El dependiente puso la pecera sobre el mostrador de la tienda y observó minuciosamente a Red durante unos instantes.

—Como el nombre es en inglés, te vale. Pero si fuera en español, tendrías que llamarlo Roja.

—¿Qué?

—Que es hembra. Mira, ven al acuario. Los machos adultos tienen unos puntitos blancos sobre las branquias. ¿Los ves? Y las hembras tienen un abdomen más ancho. Como esa de ahí, ¿ves su tripa?

—¡Vaya! ¡Sabes un montón sobre peces!

—Es mi trabajo —dijo guiñándome un ojo—. Os aconsejo que os llevéis otra hembra y un macho. Seguro que pronto pondrán huevos y nacerán más pececitos. Es importante no masificar el estanque desde un primer momento. ¿De qué color los quieres?

—Rojos, los quiero todos rojos.

—¡Debí suponerlo!

Al llegar a la residencia nos recibieron con mucho cariño. Enseguida vino la edu-

cadora que nos había explicado en su día a Daniel y a mí lo que era el alzhéimer.

—Os traemos un regalo para los mayores que viven aquí —dije mostrándole la pecera—. Este de aquí se llama Red, aunque me acabo de enterar de que es hembra. A mi abuela le relajaba mucho verlo nadar y creo que a eso lo podéis llamar pez-terapia.

—¡Pez-terapia! ¡Me encanta! —exclamó la educadora—. Seguro que a los abuelitos también les va a gustar. Muchas gracias por haberte acordado de nosotros. Puedes venir cuando quieras a visitarnos y a ver cómo están los peces.

Enseguida se formó un corrillo de enfermeras y residentes alrededor de nosotros. Todos juntos nos fuimos a soltar los peces

en el estanque. Cuando cayeron al agua, muchos de los ancianos aplaudieron entusiasmados.

En ese momento, un sonido de aviones que cruzaban el cielo en una exhibición nos hizo mirar a todos hacia arriba. Pensé en mi abuelo Manolo. Me lo imaginé pilotando uno de aquellos aviones y, a su lado, de copiloto, la abuela Paquita, nuestra Lita Pasita. Levanté el brazo y saludé, como cuando era pequeño.

Autora:

Raquel Pulido nació en Cádiz en 1976. Estudió Magisterio y desde hace dos décadas desarrolla su labor docente en la Región de Murcia. A su vez, es licenciada en Dirección Escénica y Dramaturgia. Como autora teatral ha obtenido diversos reconocimientos (Premio Kutxa Ciudad de San Sebastián de Teatro en Castellano, Premio Luis Barahona de Soto, etc.). También ha publicado relatos y poemas. Recientemente se ha adentrado en el universo de la literatura infantil y juvenil, publicando tanto en España como en Hispanoamérica. Su novela *El deseo de Mar* también resultó finalista del Premio Edebé de Literatura Infantil.

Ilustradora:

Leire Salaberria nació en Andoain en 1983. Actualmente vive y trabaja en San Sebastián. Se licenció en Bellas Artes en Bilbao y realizó un posgrado en Ilustración Infantil y Diseño Gráfico en Barcelona. Leire ha exhibido su obra de arte en diferentes países del mundo. Su trabajo ha sido seleccionado para aparecer en la Feria del Libro Infantil de Bolonia, IV Catálogo Iberoamericano de Ilustración, Feria Internacional del Libro de Sharjah y BIB. En 2014 ganó una mención de honor en la Feria Internacional del Libro de Sharjah. Desde 2011, cuando publicó su primer libro, ha ilustrado muchos más en Italia, México, EE. UU., Reino Unido, China, Chile, Francia y España. Algunos de sus libros han sido premiados y traducidos a otros idiomas.